小6国語を

ひとつひと 。

［改訂版］

Gakken

ひとつひとつわかりやすく。シリーズとは

やさしい言葉で要点しっかり！

難《むずか》しい用語をできるだけ使わずに，イラストとわかりやすい文章で解説しています。

国語が苦手な人や，ほかの参考書は少し難しいと感じる人でも，無理なく学習できます。

ひとつひとつ，解くからわかる！

解説ページを読んだあとは，ポイントをおさえた問題で，理解した内容をしっかり定着できます。

テストの点数アップはもちろん，国語の基《き》礎《そ》力《りょく》がしっかり身につきます。

やりきれるから，自信がつく！

1回分はたったの2ページ。

約10分で負《ふ》担《たん》感《かん》なく取り組めるので，初めての自主学習にもおすすめです。

この本の使い方

1回10分，読む→解く→わかる！

1回分の学習は2ページです。毎日少しずつ学習を進めましょう。

答え合わせもかんたん・わかりやすい！

解答は本体に軽くのりづけしてあるので，引っぱって取り外してください。

答えが見つけやすいので，ひとりで答え合わせができます。

復習テストで，テストの点数アップ！

各分野の最後に，これまで学習した内容を確《かく》認《にん》するための「復習テスト」があります。

学習のスケジュールも，ひとつひとつチャレンジ！

まずは次回の学習予定を決めて記入しよう！

１日の学習が終わったら，もくじページにシールをはりましょう。

また，次回の学習予定日を決めて記入してみましょう。

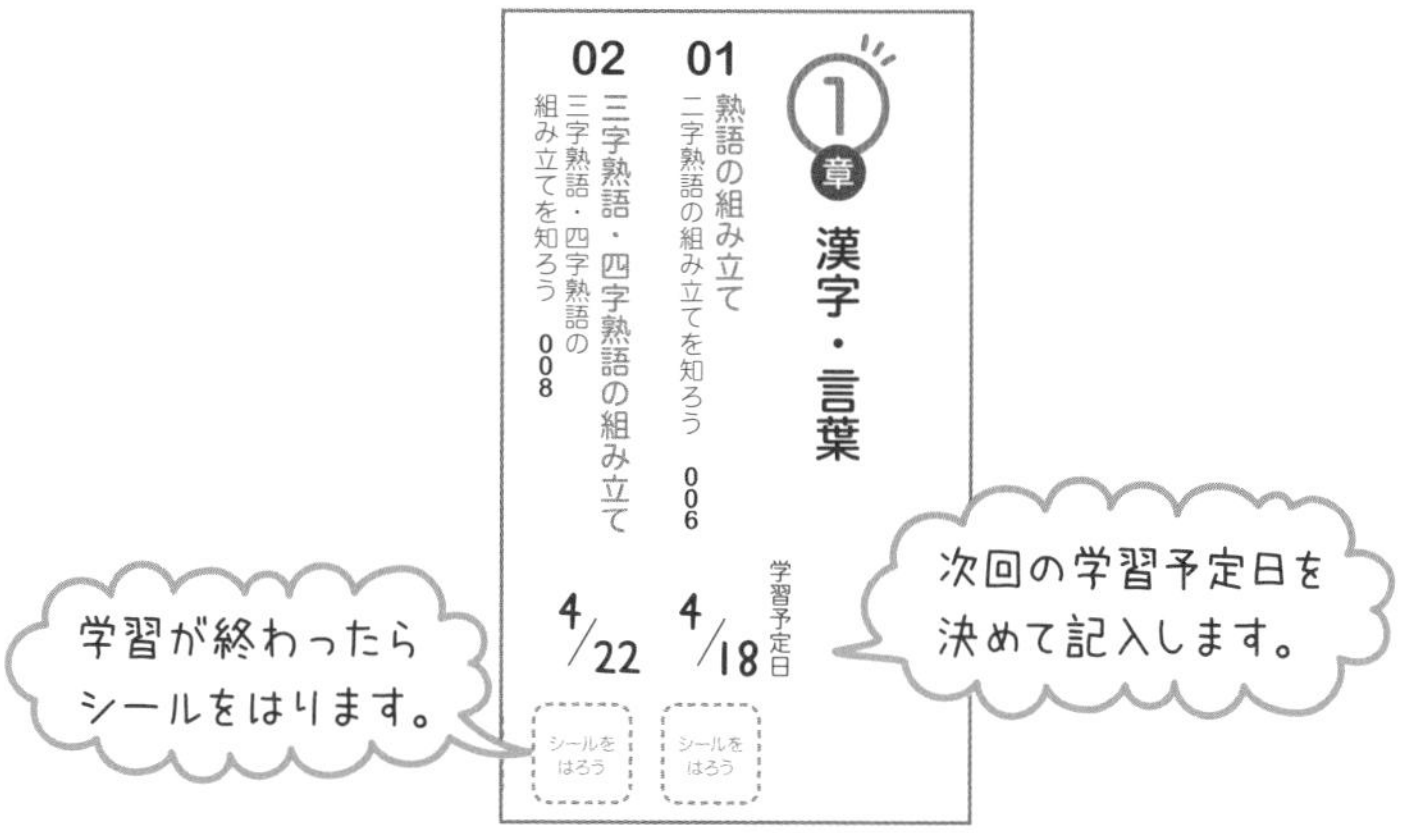

カレンダーや手帳で，さらに先の学習計画を立ててみよう！

おうちのカレンダーや自分の手帳にシールをはりながら，まずは１週間ずつ学習スケジュールを立ててみましょう。

それができたら，次は月ごとのスケジュールを立ててみましょう。

みなさんへ

６年生の言語活動（言葉を使った活動）の場は，クラス内から学校全体，そして学校の外の社会へと広がり始めます。言語活動の相手も，クラスの友達から下級生，先生，大人たちとさまざまです。そこで，国語の時間に学んだことを他の教科や日常《にちじょう》生活に生かし，自由に使いこなせるようにすることが，いちだんと大切になってくるのです。

みなさんがこの本で楽しく学習しながら，言語に対する興《きょう》味《み》を深め，世界を広げていってくれることを願っています。

もくじ

小6国語

次回の学習日を決めて、書きこもう。
1回の学習が終わったら、巻頭のシールをはろう。

わかる君を探《さが》してみよう！

この本にはちょっと変わったわかる君が全部で9つかくれています。学習を進めながら探してみてくださいね。

色や大きさは、右の絵とちがうことがあるよ！

01 二字熟語《じゅくご》の組み立てを知ろう

学習日 月 日

★二字熟語《じゅくご》のおもな組み立て

四種類の組み立てを覚えておいてね。

1 反対(対《つい》)の意味の漢字の組み合わせ

上下《じょうげ》

「うえ」と「した」

上 ⇕ 下

上
下

他の例
- 天地《てんち》(天↕地)
- 売買《ばいばい》(売る↕買う)
- 進退《しんたい》(進む↕退《しりぞ》く)

2 似た意味の漢字の組み合わせ

衣服《いふく》

どちらも「着る物」を表す。

衣 ＋ 服

服
衣

他の例
- 行進《こうしん》(行く＋進む)
- 学習《がくしゅう》(学ぶ＋習う)
- 絵画《かいが》(どちらも「絵」を表す。)

3 上の漢字が下の漢字を説明する組み立て

強風《きょうふう》

強い風

強 ⇓ 風

海底《かいてい》

海の底

海 ⇓ 底

他の例
- 白紙《はくし》(白い紙)
- 親友《しんゆう》(親しい友)
- 夜空《よぞら》(夜の空)
- 南国《なんごく》(南の国)

4 下の漢字が「―を」「―に」に当たる組み立て

投球《とうきゅう》

球を投げる

投 ⇑ 球

登山《とざん》

山に登る

登 ⇑ 山

他の例
- 読書《どくしょ》(書を読む)
- 開店《かいてん》(店を開く)
- 乗車《じょうしゃ》(車に乗る)
- 帰国《きこく》(国に帰る)

〈92ページに二字熟語の一覧表《いちらんひょう》があります。〉

基本練習

答えは別冊《べっさつ》2ページ できなかった問題は、復習しよう。

1 次の漢字と反対（対《つい》）の意味の漢字を　から選んで書き入れ、二字熟語《じゅくご》を完成させましょう。

(1) 天
(2) 高
(3) 遠
(4) 明

低　近　暗　新　地

2 次の漢字と似た意味の漢字を　から選んで書き入れ、二字熟語を完成させましょう。

(1) 森
(2) 寒
(3) 道
(4) 表

冷　路　林　上　現

3 次の熟語の意味を例のように書きましょう。

例 消火〔火を消す〕　高音〔高い音〕

(1) 水中
(2) 深海
(3) 親友
(4) 帰国
(5) 開会
(6) 着席

4 上の漢字が下の漢字を説明する組み立てには○を、下の漢字が「――を」「――に」に当たる組み立てには△を書きましょう。

(1) 小鳥
(2) 近所
(3) 加熱
(4) 乗船
(5) 新品
(6) 決心

02 三字熟語《じゅくご》・四字熟語の組み立てを知ろう

学習日 月 日

★三字熟語《じゅくご》・四字熟語の組み立ては熟語を分解して考える！

三字熟語・四字熟語の組み立てには、次のようなものがあります。

1 三字熟語の組み立て

① ○+○○の形（一字+二字）

新記録《しんきろく》 → 新 + 記録 （新しい記録）

他の例
- 大成功《だいせいこう》（大+成功）
- 短時間《たんじかん》（短+時間）

② ○○+○の形（二字+一字）

始発駅《しはつえき》 → 始発 + 駅 （始発の駅）

他の例
- 消防車《しょうぼうしゃ》（消防+車）
- 発電所《はつでんしょ》（発電+所）

③ ○+○+○の形（一字ずつの組み合わせ）

市町村《しちょうそん》 → 市 + 町 + 村 （市と町と村）

他の例
- 衣食住《いしょくじゅう》（衣+食+住）
- 大中小《だいちゅうしょう》（大+中+小）

2 四字熟語の組み立て

① ○○+○○の形（二字+二字）

天気予報《てんきよほう》 → 天気 + 予報 （天気の予報）

他の例
- 交通安全《こうつうあんぜん》（交通+安全）
- 満員電車《まんいんでんしゃ》（満員+電車）

② ○+○+○+○の形（一字ずつの組み合わせ）

春夏秋冬《しゅんかしゅうとう》 → 春 + 夏 + 秋 + 冬 （春と夏と秋と冬）

他の例
- 東西南北《とうざいなんぼく》（東+西+南+北）
- 都道府県《とどうふけん》（都+道+府+県）

どこで意味が切れるかを考えれば組み立てがわかるよ。
上
中
下
大
好物

〈93ページに四字熟語の一覧表《いちらんひょう》があります。〉

基本練習

答えは別冊《べっさつ》2ページ　できなかった問題は、復習しよう。

1

次の三字熟語《じゅくご》は、意味のうえで二つに分けられます。例のように、分けられるところを記号で答えましょう。

例 入ア学イ式　〔イ〕

(1) 高ア学イ年　〔　　〕

(2) 発ア表イ会　〔　　〕

2

次の三字熟語と、組み立てが同じものを、［　］から選んで書きましょう。

(1) 県大会（○＋○○の形）　〔　　〕

(2) 人気者（○○＋○の形）　〔　　〕

(3) 市町村（○＋○＋○の形）　〔　　〕

［大中小　魚市場　日本語］

3

次の四字熟語の組み立てを例のように書きましょう。

例 水泳大会　〔水泳＋大会〕

(1) 野球選手　〔　　〕

(2) 春夏秋冬　〔　　〕

(3) 道路工事　〔　　〕

(4) 都道府県　〔　　〕

(5) 満員電車　〔　　〕

03 類義語ってどんなもの？

学習日　　月　　日

★似た意味をもつ言葉

似た意味をもつ言葉のことを**類義語**といいます。ここでは、類義語の中でも熟語どうしの類義語を学習します。

❶ 類義語の例とその意味

［事実…実際にあったり起こったりした事がら。
［現実…実際にこうだというありのままの姿《すがた》。

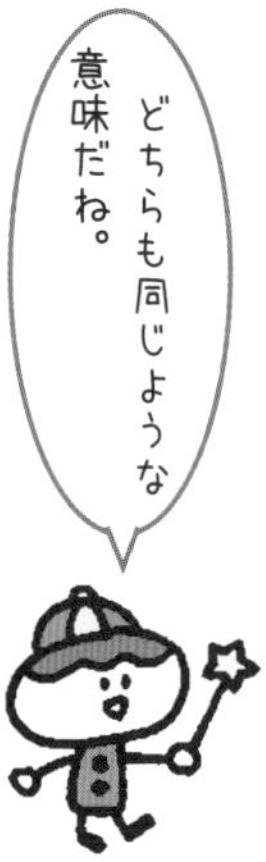

◆類義語には、他にも次のようなものがあります。

経験・体験　空想・想像　合意・同意
予測・推測《すいそく》　永遠・永久　原因・理由

❷ 類義語の使い分け

意味は似ていても、文によってふさわしい場合とそうでない場合があります。例えば、「事実」と「現実」の使い分けを考えてみましょう。

①「事実」がふさわしい文
例 それは、歴史上の**事実**です。
事実関係を明らかにしたい。

②「現実」がふさわしい文
例 理想と**現実**はちがう。
現実問題として無理だ。

③「事実」「現実」のどちらを使ってもいい場合
例 **事実**をすなおに受け入れる。
現実をすなおに受け入れる。

〈94ページに類義語の一覧表《いちらんひょう》があります。〉

基本練習

答えは別冊《べっさつ》2ページ　できなかった問題は、復習しよう。

1 次の漢字と似た意味をもつ熟語《じゅくご》を、[ ]から選んで書きましょう。

(1) 合意 [　　]

(2) 熱中 [　　]

(3) 心配 [　　]

(4) 原因 [　　]

夢中　同意　不安　理由　方法

2 次の文に合う熟語に○をつけましょう。

(1) すべり台を { ア（　）順番　イ（　）順序 } に使う。

(2) { ア（　）空想　イ（　）想像 } もつかない出来事。

3 次の□に当てはまる熟語は何ですか。後のア～ウから選び、記号で答えましょう。

(1) 本の□を、友人に話す。
ア 内容　イ 中身　ウ どちらも当てはまる　[　　]

(2) 班《はん》の□となって、活動する。
ア 中央　イ 中心　ウ どちらも当てはまる　[　　]

(3) 夕食の□をする。
ア 準備　イ 用意　ウ どちらも当てはまる　[　　]

(4) 空港までの交通□を調べる。
ア 手段《しゅだん》　イ 方法　ウ どちらも当てはまる　[　　]

1章 漢字・言葉　2章　3章　4章　5章　6章　7章　8章

04 同じ部分で同じ音《おん》の漢字を書き分けよう

学習日　月　日

★同じ部分で同じ音《おん》の漢字

漢字の中には、同じ部分をもち、音読みも同じものがあります。

❶ 同じ部分から音を考えよう

化

- 化 ― 進化・変化
- 花 ― 開花・花粉
- 貨 ― 金貨・貨物

「化」「花」「貨」の三つの漢字は「化」の部分が共通しています。共通する「化」の部分は、「カ」という音を表します。

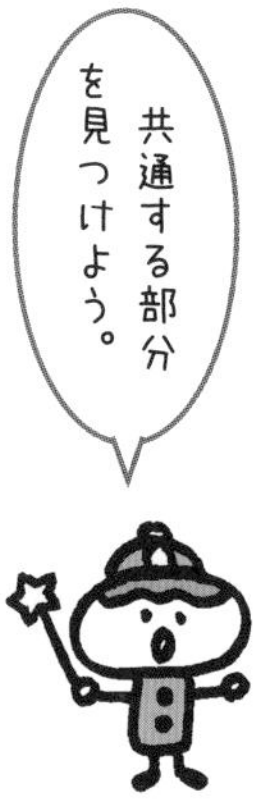

❷ 同じ部分で同じ音の漢字の書き分け

同じ部分をもち、同じ音の漢字は混同しやすいので注意が必要です。意味のちがいに気をつけて、正しく書き分けましょう。

熟語《じゅくご》の例

ハン
- 半 ― 半分　例 ケーキが半分残っている。
- 判 ― 判断　例 落ち着いて判断する。

エイ
- 永 ― 永遠　例 永遠に語り伝えたい物語。
- 泳 ― 水泳　例 水泳を習う。

〈94ページに同じ部分で同じ音の漢字の一覧表《いちらんひょう》があります。〉

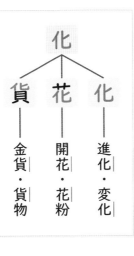

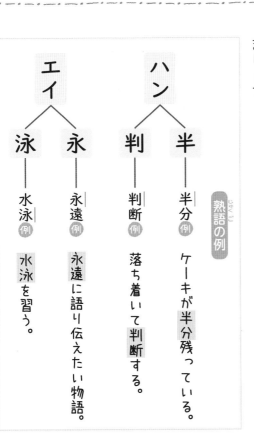

基本練習

答えは別冊《べっさつ》2ページ　できなかった問題は、復習しよう。

1 次の各組の漢字の音《おん》を表す部分を答えましょう。

(1) 氏　紙　〔　　〕

(2) 半　判　〔　　〕

(3) 化　花　貨　〔　　〕

2 次の各組の漢字に共通する音読みを書きましょう。

(1) 永　泳　〔　　〕

(2) 可　河　〔　　〕

(3) 青　精　晴　〔　　〕

3 次の各組の〔　〕に入る漢字を、　から選んで書き入れましょう。

(1)
① 友人に〔　〕《そう》談する。
② 本の感〔　〕《そう》を話す。

相　想

(2)
① 選挙に行き、投〔　〕《ひょう》する。
② 今年の目〔　〕《ひょう》を決める。

票　標

(3)
① 実験の結〔　〕《か》を発表する。
② 私《わたし》の日〔　〕《か》は走ることだ。

課　果

(4)
① 規〔　〕《そく》を守る。
② 箱の〔　〕《そく》面に絵をかく。
③ 気温を計〔　〕《そく》する。

則　測　側

05 同じ訓の漢字を書き分けよう

学習日
月
日

★同じ訓読みの漢字の書き分け

どれも「あつい」の読み方は同じだけど、意味がちがうね。
熱《あつ》い
暑《あつ》い
厚《あつ》い

❶ 同じ訓読みの漢字の例

はやい
- 早い…起きるにはまだ早い。
- 速い…兄は、足が速い。

あたたかい
- 温かい…温かいスープを飲む。
- 暖かい…暖かい春の一日。

やぶれる
- 敗れる…試合に敗れる。
- 破れる…服が破れる。

❷ 二字熟語に置きかえて正しく書き分けよう

どの漢字を使うか迷ったときは、文の意味をヒントに、それぞれの漢字を使った二字熟語《じゅくご》を連想して考えるとよいでしょう。

おさめる
- 国を治める。 → 政治《せいじ》
- 学問を修める。 → 修学《しゅうがく》
- 税金を納める。 → 納税《のうぜい》
- けんかを収める。 → 収束《しゅうそく》

うつす
- 鏡に姿《すがた》を映す。 → 反映《はんえい》
- お手本をノートに写す。 → 書写《しょしゃ》
- 本を机《つくえ》の上に移す。 → 移動《いどう》

〈95ページに一覧表《いちらんひょう》があります。〉

基本練習

答えは別冊《べっさつ》3ページ　できなかった問題は、復習しよう。

1 次の文の意味に合う言葉に○をつけましょう。

(1) 庭でうぐいすが｛ア（　）泣く　イ（　）鳴く｝。

(2) 朝の｛ア（　）早い　イ（　）速い｝時間から働く。

(3) 学問を｛ア（　）収《おさ》める　イ（　）修める｝。

(4) 紙のふくろが｛ア（　）破れる　イ（　）敗れる｝。

2 次の各組の〔　〕に入る漢字を、　から選んで書き入れましょう。

(1)
① 目的地に〔　〕つく。
② 絵の具が手に〔　〕つく。

着　付

(2)
① 鏡に顔を〔　〕うつす。
② いすを窓《まど》ぎわに〔　〕うつす。

移　写　映

(3)
① ドアを〔　〕あける。
② 夜が〔　〕あける。

開　空　明

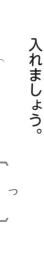

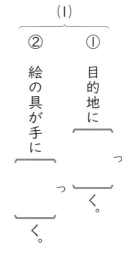

復習テスト 1

① 章 漢字・言葉

答えは別冊《べっさつ》11ページ

学習日 月 日 得点 /100点

1 次の二字熟語《じゅくご》の組み立てを後から選び、記号で答えましょう。【各5点 計30点】

(1) 救助〔 〕
(2) 曲線〔 〕
(3) 開閉《かいへい》〔 〕
(4) 発車〔 〕
(5) 増減〔 〕
(6) 入店〔 〕

ア 反対（対《つい》）の意味の漢字の組み合わせ
イ 似た意味の漢字の組み合わせ
ウ 上の漢字が下の漢字を説明するもの
エ 下の漢字が「──を」「──に」に当たるもの

2 次の三字熟語は、意味のうえで二つに分けられます。例のように、分けられるところに線を入れましょう。【各5点 計10点】

例 日本／語

(1) 新発見
(2) 成人式

3 次の□に当てはまる熟語はどれですか。後の**ア**～**ウ**から選び、記号で答えましょう。【各5点 計15点】

(1) 新しい体育館が□する。〔 〕
ア 完成 **イ** 完結 **ウ** どちらも当てはまる

(2) 私《わたし》は□、画家になりたい。〔 〕
ア 未来 **イ** 将来《しょうらい》 **ウ** どちらも当てはまる

(3) 古代の歴史に□がある。〔 〕
ア 興味 **イ** 関心 **ウ** どちらも当てはまる

4

次の各組の〔　〕に入る漢字を、□から選んで書き入れましょう。

【(1)(2)各完答6点　(3)完答9点　計21点】

(1)
① 国語の〔　〕《じゅ》業。
② 中学〔　〕《じゅ》験をする。

授　受

(2)
① 校庭を一〔　〕《しゅう》する。
② 毎〔　〕《しゅう》土曜日に習い事に行く。

週　周

(3)
① 〔　〕《せい》確に数える。
② 〔　〕《せい》治を学ぶ。
③ ロッカーを〔　〕《せい》理する。

政　整　正

5

次の各組の〔　〕に入る漢字を、□から選んで書き入れましょう。

【各完答6点　計24点】

(1) たーつ
① 台の上に〔　〕つ。
② ホテルが〔　〕つ。

立　建

(2) さーす
① 黒板の文字を〔　〕す。
② 朝日が〔　〕す。

差　指

(3) とーる
① メモを〔　〕る。
② 木の実を〔　〕る。

取　採

(4) つくーる
① 料理を〔　〕る。
② 庭園を〔　〕る。

造　作

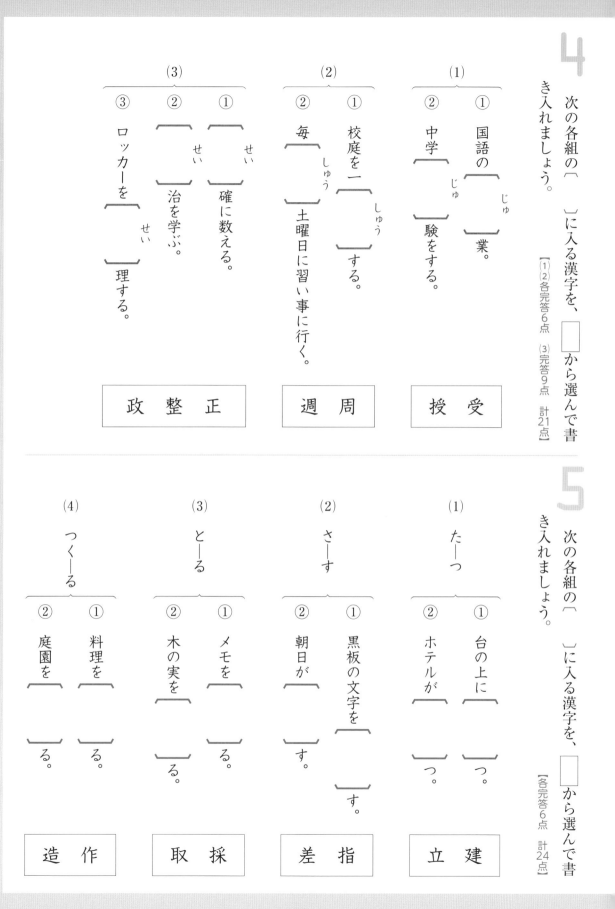

06 敬語《けいご》ってなに？

学習日　月　日

★敬語《けいご》の使い方を知ろう

敬語には、尊敬語《そんけいご》・謙譲語《けんじょうご》・ていねい語の三種類があります。

❶ 尊敬語…相手の動作を高めて言う言い方

相手の動作を高める。

① 特別な言葉を使った言い方
例 言う→おっしゃる
食べる→めしあがる

② 「お(ご)〜になる」という言い方
例 校長先生がお話しになる。

③ 「れる」「られる」を使った言い方
例 先生が黒板に字を書かれる。

④ 「お」「ご」をつけた言い方
例 お名前・お体・ご記入

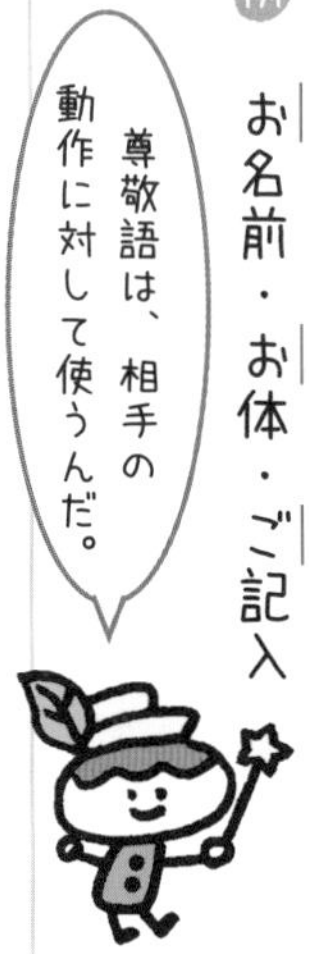
尊敬語は、相手の動作に対して使うんだ。

❷ 謙譲語…自分の動作を低めることで、相手を敬《うやま》う言い方

自分の動作を低める。

① 特別な言葉を使った言い方
例 食べる・もらう→いただく
言う→申す・申しあげる

② 「お(ご)〜する」という言い方
例 先生の本をお借りする。
参加者を会場にご案内する。

謙譲語は、自分の動作に対して使うんだよ。

❸ ていねい語…ていねいな言い方で、相手を敬う気持ちを表す言い方

おかしを食べますか。

① 「です」「ます」「ございます」を使った言い方
例 私《わたし》は小学六年生です。

② 「お」「ご」をつけた言い方
例 お花・お昼・ご飯

基本練習

答えは別冊《べっさつ》3ページ　できなかった問題は、復習しよう。

1

敬語《けいご》を使った言い方のほうに○をつけましょう。

(1)
ア（　）公民館にたくさんの人が集まる。
イ（　）参加者に資料をお配りする。

(2)
ア（　）よいことをして、先生にほめられる。
イ（　）先生は、いつも朝早く学校に来られる。

2

次の文の――線部の言い方は、後のア～ウのどれですか。記号で答えましょう。

(1) ぼくの姉は、中学二年生です。［　　］

(2) 校長先生が、私たちの教室で給食をめしあがる。［　　］

(3) 知り合いの方から、おみやげをいただく。［　　］

ア　尊敬語《そんけいご》
イ　謙譲語《けんじょうご》
ウ　ていねい語

3

次の文の――線部を、〈　〉の言い方に直しましょう。

(1) 先生が外出する。〈「れる」を使った言い方の尊敬語〉
→先生が［　　　　］。

(2) 校長先生が明日の予定を言う。〈特別な言葉を使った言い方の尊敬語〉
→校長先生が明日の予定を［　　　　］。

(3) ぼくが先生の荷物を持つ。〈「お～する」という言い方の謙譲語〉
→ぼくが先生の荷物を［　　　　］。

(4) （先生に対して）私の名前は田中《たなか》と言います。〈特別な言葉を使った言い方の謙譲語〉
→私の名前は田中と［　　　　］ます。

(5) 私は、これから図書館へ行く。〈ていねい語〉
→私は、これから図書館へ［　　　　］。

07 主語と述語は文の骨組《ほねぐ》み

文の組み立て1（主語・述語）

学習日 月 日

★主語と述語

主語は「何が」などに、**述語**は「どうする」などに当たる言葉です。この二つは、文の骨組《ほねぐ》みとなっています。

花が（主語）—**さく**（述語）。
みんなが（主語）—**笑う**（述語）。

「文の骨組み」とは、〝文の基本になるもの〟という意味だよ。
主語
述語

① 主語・述語とは

◆主語…「何が(は)」「だれが(は)」に当たる言葉。

例 鳥が（主語） 飛ぶ。 姉は（主語） やさしい。

◆述語…「どうする」「どんなだ」「何だ」に当たる言葉。

例 犬が 鳴く（述語）。 海は 広い（述語）。 妹は 七才だ（述語）。

② 主語と述語の関係

主語と述語の関係は、次の四つに分けられます。

① **何が(は)—どうする。**（動作を表す。）
例 雨が降《ふ》る。 私《わたし》は信じる。

② **何が(は)—どんなだ。**（様子を表す。）
例 水が冷たい。 妹は元気だ。

③ **何が(は)—何だ。**（説明する。）
例 ここは東京駅《とうきょうえき》だ。 ぼくは小学生だ。

④ **何が(は)—ある・いる。**（存在《そんざい》を表す。）
例 ケーキがある。 ねこがいる。

注意 主語の形は「〜が」や「〜は」の他にも、「〜も」や「〜こそ」など、いろいろあります。
例 ぼくも行く。 君こそすごい。

基本練習

答えは別冊《べっさつ》3ページ　できなかった問題は、復習しよう。

1 次の文の主語と述語の関係は、後のア～エのどれに当たりますか。記号で答えましょう。

(1) 夕焼け空がきれいだ。　[　　]
(2) あれが大阪城《おおさかじょう》だ。　[　　]
(3) カブトムシがいる。　[　　]
(4) 新幹線が発車する。　[　　]
(5) りんごがある。　[　　]
(6) ペンギンが泳ぐ。　[　　]

ア　何が(は)――どうする。
イ　何が(は)――どんなだ。
ウ　何が(は)――何だ。
エ　何が(は)――ある・いる。

2 例のように、次の文の主語と述語をそれぞれ書きぬきましょう。

例　きれいな　ちょうが、ひらひらと　飛ぶ。
主語［ちょうが］　述語［飛ぶ］

(1) 強い　風が、西から　東に　ふく。
主語［　　］　述語［　　］

(2) 庭の　木に、すずめが　二羽　いる。
主語［　　］　述語［　　］

(3) 焼きたての　パンは、とても　おいしい。
主語［　　］　述語［　　］

(4) ぼくの　いちばん　上の　兄は　高校生だ。
主語［　　］　述語［　　］

08 修飾語《しゅうしょくご》は〝くわしくする言葉〟

学習日 月 日

★修飾語《しゅうしょくご》の働き

「どんな」や「どこに」などを表して、主語や述語をくわしくする言葉を修飾語といいます。修飾語を加えると、文の意味がくわしくなります。

① 主語や述語をくわしくする修飾語

かわいい（修飾語）→ 犬が（主語）　公園に（修飾語）→ いる。（述語）

かわいい
犬

こわそうな（修飾語）→ 犬が（主語）　道に（修飾語）→ いる。（述語）

こわそうな
犬

② 修飾語と被《ひ》修飾語

◆修飾語…他の言葉をくわしく「説明する」言葉。

◆被修飾語…修飾語によって、くわしく「説明される」言葉。

例 赤い（修飾語）→ 花が、（被修飾語）　きれいに（修飾語）→ さいた。（被修飾語）

「被修飾語」の「被」には、「〜される・受ける」という意味があるよ。

ゴン
被害《ひがい》

③ 修飾語が表す内容

修飾語は、「いつ・どこで・どんな・何を・どのように」などの意味を文に付け加えます。

例 ぼくは、昨日（いつ） レストランで（どこで） 大きな（どんな） ステーキを（何を） ぱくぱく（どのように） 食べた。

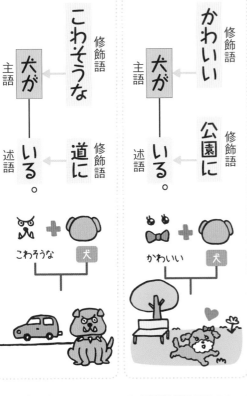

基本練習

答えは別冊《べっさつ》3ページ　できなかった問題は、復習しよう。

1 次の文から、修飾語《しゅうしょくご》（くわしくする言葉）を書きぬきましょう。

(1) 山本君《やまもとくん》は、クラスの　人気者です。（　　）
(2) 私《わたし》の　父は、銀行員です。（　　）
(3) 雨が　はげしく　ふる。（　　）
(4) 犬が　速く　走る。（　　）
(5) 夕日が　とても　美しい。（　　）
(6) 鳥が　つばさを　広げる。（　　）
(7) いきなり　妹が　泣きだした。（　　）

2 次の▢の言葉がくわしくしている言葉を選び、記号で答えましょう。

(1) ア庭に　白い　イ花が　ウたくさん　エさいた。（　　）
(2) アぼくは、　はっきりと　イ自分の　ウ意見を　エ言った。（　　）
(3) ア私は、　図書館で　イ本を　ウ三冊《さんさつ》　エ借りた。（　　）
(4) アおじさんが　おみやげを　イぼくに　ウくれた。（　　）

09 接続語は〝つなぐ言葉〟

学習日 月 日

★接続語（つなぎ言葉）

言葉と言葉、文と文をつなぐ言葉を接続語（つなぎ言葉）といいます。接続語の働きと種類を確認《かくにん》しましょう。

接続語は、文と文などをつなぐ、接着ざいのような働きをするんだね。

❶ 接続語の働き

駅まで走った。

→ だから、→

電車に間に合った。

→ でも、→

電車に乗りおくれた。

❷ 接続語の種類

そのままつなぐ（順接）	例 だから・それで・したがって 例文 頭が痛《いた》かった。だから、学校を休んだ。
反対の流れにする（逆接）	例 しかし・けれども・ところが 例文 春になった。しかし、まだ寒い。
並《なら》べる・付け加える	例 また・および・そして・そのうえ 例文 父が笑った。また、母も笑った。
比べる・選ぶ	例 あるいは・または・それとも 例文 電車、あるいは、バスで出かける。
くわしくする	例 なぜなら・つまり・ただし 例文 歩いていこう。なぜなら、近いからだ。
話題を変える	ところで・さて・では 例文 楽しかったね。さて、帰ろうか。

基本練習

答えは別冊《べっさつ》4ページ　できなかった問題は、復習しよう。

1 次の〔　〕に当てはまる接続語（つなぎ言葉）を、　から選んで書き入れましょう。（同じ接続語は一度しか使えません。）

(1) 雨が降《ふ》り始めた。〔　　〕、外出しなかった。

(2) 田中《たなか》君は野球が得意だ。〔　　〕、サッカーもうまい。

(3) 転校した友達に手紙を出した。〔　　〕、返事が来ない。

(4) ぼくの兄は、陸上部に入っている。〔　　〕、走るのが好きだからだ。

けれども　そのうえ　なぜなら
それとも　だから

2 次の文の――線部の接続語と同じ働きをする接続語をア〜カから選び、記号で答えましょう。

(1) 一生けん命勉強した。それで、成績が上がった。〔　　〕〔　　〕

(2) 会場では、上ばき、または、スリッパをはいてください。〔　　〕〔　　〕

(3) 木村《きむら》さんの家に遊びに行った。ところが、木村さんは留守だった。〔　　〕〔　　〕

(4) 図書館で山田《やまだ》君に会い、それに、林《はやし》さんにも会った。〔　　〕〔　　〕

(5) 全員がそろいました。さて、行きましょう。〔　　〕〔　　〕

ア あるいは　イ しかし　ウ そして
エ だから　オ ただし　カ では

復習テスト 2

② 章 言葉のきまり

答えは別冊《べっさつ》11ページ

学習日 月 日 得点 /100点

1

次の文の――線部の敬語《けいご》の種類を後から選び、記号で答えましょう。【各4点 計12点】

(1) 先生は、職員室にいらっしゃる。 〔 〕

(2) ぼくは、三時に出かけます。 〔 〕

(3) お客さんにお茶をお出しする。 〔 〕

ア 尊敬語《そんけいご》　イ 謙譲語《けんじょうご》　ウ ていねい語

2

次の文の主語と述語を、記号で答えましょう。【各完答6点 計18点】

(1) ア校庭に イ生徒が ウ集まる。 主語〔 〕 述語〔 〕

(2) ア父は、 イ高校の ウ先生だ。 主語〔 〕 述語〔 〕

(3) ア家は、 イ高台に ウある。 主語〔 〕 述語〔 〕

3

次の文の主語と述語の関係を後から選び、記号で答えましょう。【各4点 計20点】

(1) 屋根の 上に ねこが いる。 〔 〕

(2) 私《わたし》は、休み時間に 本を 読む。 〔 〕

(3) 日本一 高い 山は、富士山《ふじさん》だ。 〔 〕

(4) 船が ゆっくりと 進む。 〔 〕

(5) 夏の 夜の 星空は、とても 美しい。 〔 〕

ア 何が(は)――どうする。

イ 何が(は)――どんなだ。

ウ 何が(は)――何だ。

エ 何が(は)――ある・いる。

4

次の文の、═線部の言葉がくわしくしている言葉を──線ア〜ウから選び、記号で答えましょう。

【各6点　計18点】

(1) 友達と　日曜日に　公園で　遊ぶ。　〔　　〕

(2) 弟が　元気に　走る　様子を　ながめる。　〔　　〕

(3) 大きな　かばんを　手に　持つ。　〔　　〕

5

次の文の──線部は、ア「主語」、イ「述語」、ウ「修《しゅう》飾語《しょくご》」のうちのどれですか。記号で答えましょう。

【各4点　計12点】

(1) 母は、きれいな　字を　書く。　〔　　〕

(2) 母が　書く　字は、とても　きれいだ。　〔　　〕

(3) ぼくは、母の　書く　字が　好きだ。　〔　　〕

6

次の〔　　〕に当てはまる接続語（つなぎ言葉）を、後から選び、記号で答えましょう。（同じ記号は一度しか使えません。）

【各4点　計20点】

(1) ボールペン、〔　　〕、サインペンで書いてください。

(2) 今日は暑い。〔　　〕、プールに行くことにした。

(3) 図書館に行った。〔　　〕、休館日で本を返せなかった。

(4) 計算ドリル、〔　　〕、工作の仕上げも宿題だ。

(5) ピアノの練習をした。〔　　〕もうすぐ発表会があるからだ。

ア　だから　　**イ**　なぜなら　　**ウ**　そのうえ

エ　しかし　　**オ**　または　　**カ**　ところで

10 物語とは？

学習日　月　日

★物語は作者によって作られた作品

物語とは、作者が、登場人物やあらすじを考えたり想像したりして書いた作品です。

❶ 物語の種類

日本の昔話
例「桃太郎《ももたろう》」「一寸法師《いっすんぼうし》」「さるかに合戦《かっせん》」など

外国の昔話
例「赤ずきん」「白雪姫《しらゆきひめ》」など

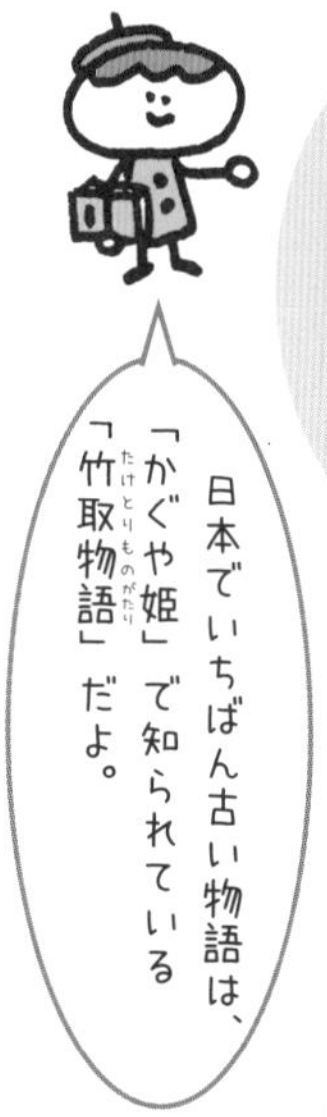
日本でいちばん古い物語は、「かぐや姫」で知られている「竹取物語《たけとりものがたり》」だよ。

物
語

日本の作品
例「銀河《ぎんが》鉄道の夜」（宮沢賢治《みやざわけんじ》）「トロッコ」（芥川龍之介《あくたがわりゅうのすけ》）「火垂《ほた》るの墓」（野坂昭如《のさかあきゆき》）など

外国の作品
例「赤毛のアン」（L・M・モンゴメリ）「ナルニア国物語」（C・S・ルイス）など

❷ 物語の組み立て

物語は、ふつう、次のような組み立てになっています。

初め…物語の設定がわかる。
（設定については30ページで学習します。）

出来事…出来事（事件）が起きて、話が発展《はってん》する。

終わり…結末をむかえ、作者が何を伝えたかったのかがわかる。

この組み立てを昔話の「うさぎとかめ」で確認《かくにん》しましょう。

初め　ある日、うさぎに「のろま」とばかにされたかめは、うさぎに山のふもとまで競走しようと言った。

出来事　競走が始まり、リードしたうさぎは、よゆうを見せて昼ねをした。その間も、かめは歩き続けた。

終わり　うさぎが目を覚ました時、かめはゴールして喜んでいた。

⇐
・油断してはいけない。
・こつこつ努力することが大切である。

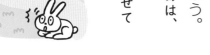

答えは別冊《べっさつ》4ページ　できなかった問題は、復習しよう。

次の文章を読んで、下の問いに答えましょう。

〔太郎《たろう》の家には、父親が先祖代々の宝物《たからもの》だと言うびょうぶがある。ふだんは倉のおくにしまってあり、年に一度の花祭りの時にしかかざらない。そのびょうぶにかかれた一頭の馬に、太郎は心をうばわれていた。〕

太郎は、周りにだれもいない時に、*1つと立つと、自分の部屋へ行って、緑色のクレヨンを持ってきた。そして、馬の後ろに、ひと息に太い線を引いてやった。緑の地平線をかいてやったのだ。こうすれば、馬も、野に置かれたような気持ちになるにちがいない、と思ったのだ。

そうして、もう一度馬をながめ直してみると、気のせいか、馬の目に命がともり、体全体が、生き生きしてきたように見えた。明るい緑色の線が広って、やわらかな草の海に変わり、その上をおだやかな風がふいてきて、馬のたてがみをなでてゆくように見えた。太郎は、思わず手をのばして、馬の首のところにさわった。

そのとたん、ばかもん！　という*2怒声《どせい》と、父ちゃんの、でっかいげんこつがとんできて、太郎は、びょうぶの前からすっ飛ばされていた。

（今江祥智《いまえよしとも》「野の馬」『今江祥智の本 第16巻《かん》』〈理論社〉より）

*1 つと……とつ然。さっと。
*2 怒声……おこってどなる声。

(1) この場面に登場する人物を、二人書きぬきましょう。

〔　　〕〔　　〕

(2) この場面の出来事を、太郎がしたことや、されたことの順番になるように、〔　〕に番号を書きましょう。

〔　〕馬がえがかれたびょうぶに太い線を引いた。
〔　〕馬の首のところにさわった。
〔　〕馬が生きているようにかがやいて見え、馬のたてがみがおだやかな風になでられているように見えた。
〔　〕父ちゃんにどなられたうえに、なぐられた。
〔　〕自分の部屋から緑色のクレヨンを持ってきた。

11 物語の設定をつかもう

学習日　月　日

★物語の時・場所・登場人物をつかむ

時
いつ？
時代は？
季節は？
時間は？
人間のように話したり考えたりする動物や植物も「登場人物」だよ。
場所
どこで？
どんな場所？
周りの様子は？
登場人物
だれが？
主人公は？
年れいは？
他に出てくる人物は？

芥川龍之介《あくたがわりゅうのすけ》の「蜘蛛《くも》の糸」という作品を例に見てみましょう。

いつ　だれが(は)　どこで(を)

ある日の事でございます。おしゃか様は極楽《ごくらく》※のはす池のふちを、ひとりでぶらぶらお歩きになっていらっしゃいました。

※極楽……仏教で、善《よ》い行いをした人が、死んでから行くと考えられている平和な所。

この後、おしゃか様は、はすの葉の間から、池の下の地獄《じごく》の様子をご覧《らん》になります。

どこで(に)　だれが

するとその地獄の底に、かんだた※1という男が一人、ほかの罪人※2といっしょにうごめいている姿《すがた》が、お目にとまりました。

（芥川龍之介「走れメロス／くもの糸」『10歳までに読みたい日本名作』〈学研プラス〉より）

※1かんだた……たくさんの悪いことをして、地獄に落ちた人の名前。
※2罪人……罪をおかした人。

どのような人物が登場して、いつ、どこにいるのかといった設定をつかみ、物語を読み進めていくことが大切です。

基本練習

答えは別冊《べっさつ》4ページ　できなかった問題は、復習しよう。

次の文章を読んで、下の問いに答えましょう。

おかあさんと暮《く》らす小学五年生の「私《わたし》」は、ある日、はなれて暮らすおとうさんに旅に連れ出される。しばらくして、おかあさんの元へ連れもどされる電車の中で、「私」は、おとうさんにこのまま逃《に》げようと言うが、断られる。「おとうさんたちのせいで私はろくでもない大人になる」と言う「私」に、おとうさんは何も答えず、「私」の手を引っ張ってつぎの駅でおりた。

つぎの駅でもまたたくさんの人がおりた。おりて、おとうさんが私の願いをきき入れて、またどこかへいくのだと思っていたが、おとうさんはホームに突《つ》っ立ってじっと私を見ている。人々は笑い声をあげながらずらずらと改札に向かい、あっという間に私たちだけが取り残される。

①「お、おれはろくでもない大人だよ」

片手《かたて》に飲み物の入ったビニール袋《ぶくろ》、片手にお菓子《かし》とお弁当が入ったビニール袋を持ったおとうさんは、私の前に仁王立《におうだ》ちになってそう言った。何を言われているのかわからなくて、私はおとうさんを見あげた。

「だけどおれがろくでもない大人になったのはだれのせいでもない、だれのせいだとも思わない。だ、だから、あんたがろくでもない大人になったとしても、それはあんたのせいだ。おれやおかあさんのせいじゃない。おれはあんたの言うとおり勝手だけど、い、いくら勝手で無責任でどうしようもなくても、あんたがろくでもなくなるのはそのせいじゃない。②そ、そんな考えかたは、お、お、おれはきらいだ」

（角田光代《かくたみつよ》「キッドナップ・ツアー」〈新潮社〉より）

(1) この場面の登場人物を書きましょう。

〔　　　〕

(2) ——線部①「お、おれはろくでもない大人だよ」とありますが、おとうさんは自分が「ろくでもない大人」になったことについてどう思っていますか。次の〔　〕に当てはまる言葉を文章中から九字で書きぬきましょう。

・〔　　　〕と思っている。

(3) ——線部②「そ、そんな考えかたは、お、お、おれはきらいだ」とありますが、この話をしているときのおとうさんの様子を表している言葉を文章中から四字で書きぬきましょう。

12 場面・情景を読み取ろう

学習日　月　日

★物語の場面と情景

物語は、いくつかの場面でできています。物語を読むときは、それぞれの場面の様子や情景を読み取ることが大切です。

❶ 場面とは

それぞれの出来事をえがいた文章のまとまりのことを場面といいます。その場面の登場人物・時・場所などをおさえながら物語を読みましょう。

物語

場面
出来事
・登場人物
・時
・場所
⇓
場面
出来事
・登場人物
・時
・場所
⇓
場面
出来事
・登場人物
・時
・場所
……

それぞれの場面を読み取ることで、物語のあらすじをとらえることができるよ。

❷ 情景とは

物語の風景や様子を情景といいます。情景は、登場人物の気持ちと結び付いていることが多いので、ていねいに読み取りましょう。

情景がえがかれている例文を見てみましょう。（　の一文と、そこから読み取れること。）

例 ドアを開けて、空を見上げた。すると、灰色《はいいろ》の雲が空一面に広がっていた。

→ 登場人物の不安な気持ちや、これからいやなことが起きそうなふんいきを感じさせます。

例 ぼくは、ようやく山頂《さんちょう》に着いた。山頂では、すずしい風がふきわたり、鳥の鳴き声がひびいていた。

→「ぼく」の満足感や、さわやかな気持ちを感じさせます。

目に見えるような表現や、耳に聞こえるような表現に注意して、情景をとらえましょう。

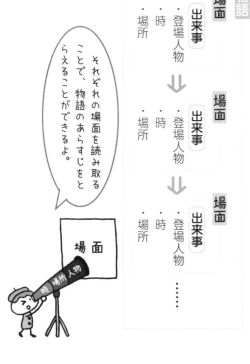

基本練習

答えは別冊《べっさつ》4ページ できなかった問題は、復習しよう。

次の文章を読んで、下の問いに答えましょう。

小学一年生の「博士《ひろし》（あだ名はハカセ）」は、夏休みのある日、川の始まり（源流《げんりゅう》）を見つけに行くという五年生の「ムルチ」たち三人組と出会う。博士は何があっても泣かないと約束してついて行くが、山の道は難所《なんしょ》の連続となっていく。

難所は終わり、足下《あしもと》のしっかりした山道が続く。また川が谷を刻《きざ》んだけれど、道は数メートル上にずっと続いていて、わざわざ川に下りることもなく歩き続けた。

赤い光が目の中に飛び込《こ》んできた。

それは、もうすぐ沈《しず》む太陽なのだった。

①毒々しいまでに赤く染《そ》まった空の下、小さな箱庭みたいに世界が広がっていた。

風に揺《ゆ》れる水田と、小さな屋根の群れ。赤黒い血流のような川と、さらに深く沈んだため池。大きなパン工場の少し先に、②屋根瓦《やねがわら》が密集《みっしゅう》した新興住宅《じゅうたく》街《がい》があって、それは稲《いね》の海に浮《う》かぶ島のようだった。博士の家は川沿《かわぞ》いだけど、どれなのかは分からなかった。そんなことより、なんて小さなところにぼくは住んでいるんやろかと博士は思い、自分が大きくなったようにも、淋《さび》しいようにも感じた。

（川端裕人《かわばたひろと》「今ここにいるぼくらは」〈集英社〉より）

(1) この場面は一日のうちのいつごろですか。適切なものを次から一つ選び、記号を○で囲みましょう。

ア 早朝
イ 正午
ウ 夕方

(2) ――線部①「毒々しいまでに赤く染まった空の下、小さな箱庭みたいに世界が広がっていた。」とありますが、この光景を見た「ぼく」の気持ちを一文で探《さが》し、初めの五字を書きぬきなさい。

(3) ――線部②「屋根瓦が密集した新興住宅街」は、「ぼく」にはどのように見えましたか。本文中から八字で書きぬきなさい。

13 動作・行動を読み取ろう

学習日　月　日

★登場人物の動作と行動

物語では、登場人物（特に主人公）の動作や行動を正しく読み取ることが大切です。

❶ 動作・行動を順を追ってとらえる

次の文章で、登場人物の動作や行動を順を追って確認《かくにん》しましょう。

　この地区の子どもは、五年生になると町の外れにある橋から、約十メートル下の川に飛びこむのがならわしだ。
　同級生の中ではガキ大将《だいしょう》の健太《けんた》だが、五年生になって、いざ自分が飛びこむ番になると、足がすくみ、後ずさりしてしまった。どうしても飛びこめず、一週間後にやり直すことになった。
　弱虫あつかいされた健太は、その夜、ふとんの中でなみだを流した。
　一週間後の再ちょう戦の日、みんなが注目する中、健太は目をつぶり、思い切って飛びこんだ。

動作・行動

- 飛びこめない。
- なみだを流す。
- 目をつぶって、川に飛びこむ。

❷ 動作・行動の表す意味をとらえる

動作や行動は、その人物の気持ちと結び付いています。
次の文章で、各場面での主人公ごんの行動とその時の気持ちを確認しましょう。

【兵十《ひょうじゅう》がつった魚を、ごんがにがす場面】

　ごんは、びく※の中の魚をつかみ出しては、はりきりあみ※のかかっているところよりしもての川の中をめがけて、ぽんぽんなげこみました。

※びく：つった魚を入れておくかご。
※はりきりあみ：魚をつかまえるあみ。

◆この行動をした時の気持ち→いたずらしてやろう。

【兵十の母親が死んだことを、ごんが知った後の場面】

（兵十の家にやってきたごんは）そっと物置のほうへまわってその入り口に、栗《くり》をおいてかえりました。

◆この行動をした時の気持ち→つぐないをしたい。

（新美南吉《にいみなんきち》「ごんぎつね」『新美南吉全集　第3巻』〈大日本図書〉より）

基本練習

答えは別冊《べっさつ》5ページ　できなかった問題は、復習しよう。

次の文章を読んで、下の問いに答えましょう。

〔「わたし」の父は、高校野球の選手として甲子園《こうしえん》に出場したことがあり、ガラスの小びんに甲子園の土を入れて、大切にしていた。〕

子供《こども》のわたしから見ると、それはただの黒っぽい土であったが、父の目には、自信を呼《よ》び起こしてくれる光であったり、*ほこりを証明してくれる神様に見えるようであった。

①ガラスの小びんをてのひらにのせ、あるいは、それを太陽にかざして、土の存在《そんざい》を確かめたりしている姿《すがた》をよく見かけた。たぶん、それは、甲子園の土に語りかけ、また、甲子園の土の言葉に耳をすましていたのであろう。しぼんでしまった気持ちが力強くふくらんでくるように、たいていのときは、それで父は元気になった。

父は、甲子園の土の効き目は絶対で、自分ばかりか他人をも幸福にさせたり、自信を生まれさせたりできると信じているようであった。

だから、②わたしが、今日は試験があると言ったりすると、びんのふたを開け、おしそうな顔で、甲子園の土をほんのひとつまみ取ると、ぱっぱっとわたしの頭やかたにふりかけたりした。

（阿久悠《あくゆう》「ガラスの小びん」『光村ライブラリー第十五巻《かん》』〈光村図書出版〉より）

＊ほこり……めいよに思う気持ち。

---

(1) ――線部①「ガラスの小びんをてのひらにのせ……確かめたりしている」とありますが、小びんに入った甲子園の土をながめると、父はどうなりましたか。そのことが書かれている一文を文章中から探《さが》し、その初めの四字を書きぬきましょう。

□□□□

(2) ――線部②「わたしが、今日は試験がある」と言うと、父はどうしましたか。次の□に当てはまる言葉を、文章中から五字で書きぬきましょう。

・効き目があると信じている□□□□□を、わたしの頭やかたにふりかけたりした。

3章 物語

14 気持ちを読み取ろう

登場人物の気持ちの読み取り

学習日 月 日

★登場人物の気持ち

物語を読むときには、登場人物の気持ち（心情）をとらえることが、とても大切です。

人物の気持ちをとらえるには、次のような表現に注意しましょう。

1 人物の気持ちを「直接表す」表現

① 気持ちを表す文末表現

例 「～と思った。」「～と感じた。」「～したい。」など。

これからは、もっと勉強しようと思った。 ← 決意

② 気持ちを直接表す言葉

例 「うれしい」「悲しい」「くやしい」など。

優勝《ゆうしょう》した喜びをかみしめる。 ← 喜び

2 人物の気持ちを「想像させる」表現

① 会話や言葉づかい

「もうこれ以上走れないよ。」 ← あきらめ

② 人物の行動

兄はドアを乱暴《らんぼう》に閉《し》めて、出ていった。 ← いかり

③ 人物のしぐさや表情

さとる君の顔は、みるみる赤くなった。 ← はじらい

④ 情景

雨上がりの空に、きれいなにじがかかっている。 ← 希望

それぞれの登場人物の性格も考えて、会話や行動、表情などに表れた気持ちを読み取りましょう。

答えは別冊《べっさつ》5ページ　できなかった問題は、復習しよう。

次の文章を読んで、下の問いに答えましょう。

「わたし」の父は、ガラスの小びんに甲子園《こうしえん》の土を入れて、とても大切にしていた。

小学校六年生のとき、わたしは、ひどく父からしかられたことがあって、①甲子園の土を捨《す》てた。たぶん、しかられた理由は、わたしの心構えがあまいとか、真剣味《しんけんみ》が足りないとか、そういったことであったと思うが、わたしの父への小さな反発が一気に爆発《ばくはつ》して、ガラスの小びんを持ち出すと、中の土を、それこそぱっと捨てた。

どんなに値打《ねう》ちがあり、どんなにありがたい土でも、庭の土に混じってしまうと、すばらしさを証明することはできなくなり、わたしは、空っぽのびんを手にしたまま、笑いだしたい気持ちになっていた。これでもう、父がえらそうに見えなくなると思うと、心が［　］としてくるのだった。

しかし、それからが大変だった。いい気持ちになったのは、ほんの一瞬《いっしゅん》のことで、とんでもないことをしてしまったという後かいがおそってきて、②わたしは、庭の土の中から、甲子園の土をより分けようと必死になったが、むだな作業だった。

（阿《あ》久《く》悠《ゆう》「ガラスの小びん」『光村ライブラリー第十五巻《かん》』〈光村図書出版〉より）

(1) ――線部①「甲子園の土を捨てた」直後の「わたし」の気持ちを、文章中から九字で書きぬきましょう。

(2) ［　］に当てはまる言葉として適切なものを次から一つ選び、記号を〇で囲みましょう。

ア　いらいら
イ　冷え冷え
ウ　晴れ晴れ

(3) ――線部②「わたしは、庭の土の中から、甲子園の土をより分けようと必死になった」とありますが、この時の「わたし」の気持ちを文章中から二十一字で書きぬきましょう。

15 作者が伝えたいことを読み取ろう

学習日　月　日

★物語の主題を読み取る

その物語をとおして作者が最も伝えたいことを、物語の**主題（テーマ）**といいます。物語を読むときは、あらすじをとらえるだけでなく、主題を読み取ることがとても大切です。

❶ 主題を読み取るには

主題を読み取る方法として、次のAさんとBさんのどちらが正しいでしょうか。

Aさん 物語の中から、主題がまとめられている部分を探《さが》す。

主題がまとめられているのは、最後のほうかな？

Bさん あらすじをおさえたうえで、作者が伝えようとしていることを考える。

結局、作者はどんなことを伝えたいのかな？

正しいのはBさんです。主題は、必ずしも物語のどこかでわかりやすくまとめられているわけではないのです。

❷ 主題を読み取る手順

① あらすじをとらえる。

② 物語の**山場**をとらえ、山場にえがかれている出来事や主人公の気持ちを読み取る。

山場…物語が最も盛《も》り上がる部分（クライマックス）。

③ 右の①・②から作者が伝えようとしていることをとらえる。

山場にえがかれていることは、主題と深く結び付いているんだよ。

イソップ物語「北風と太陽」で確認《かくにん》しましょう。

①**あらすじ**…北風と太陽が、どちらが早く旅人のコートをぬがせることができるかという競争をした。北風は大風をふかせてコートをぬがせようとしたが、失敗。太陽は暖《あたた》かい日差しを送って、暑さでコートをぬがせることに成功した。

②**山場**…北風と太陽が旅人のコートを早くぬがせようと競争をして、やさしい日差しを送った太陽が勝った場面。

③**主題**…乱暴《らんぼう》で厳《きび》しい態度で接するよりも、温かくやさしい態度で接するほうが、相手に、自分の思いが届く。

基本練習

答えは別冊《べっさつ》5ページ できなかった問題は、復習しよう。

次の文章を読んで、下の問いに答えましょう。

〔「わたし」は、父が大切にしていた甲子園《こうしえん》の土を捨《す》ててしまったことを後かいしていた。〕

父がどんなにおこるだろう、ということが気になった。そして、父の心——ほこりや、自信や、かがやかしい思い出まで捨ててしまったと思うと、大変な罪をおかしてしまったような気にさえなった。

わたしは、庭土の混じった土をびんにつめ、そして、また捨て、ここにつまっていたものはなんだったのだろうかとふるえた。

その日の夜、父は、意外なことに、わたしをおこらなかった。

「そうか。捨ててしまったのか。」

とだけ言い、なぜか明るい顔をしていた。

わたしは、ごめんなさいと言い、空っぽのガラスの小びんをおしやると、父は、赤い文字で「甲子園の土」と書いたラベルをつめではがし、わたしに返してきた。

「おこらない。その代わり、おまえがこれに何かをつめるんだ。お父さんの甲子園の土に代わるものをつめてみせてくれ。」

（阿《あ》久《く》悠《ゆう》「ガラスの小びん」『光村ライブラリー第十五巻《かん》』〈光村図書出版〉より）

(1) 上の文章を二つの場面に分けるとしたら、二つめはどこからですか。初めの五字を文章中から書きぬきましょう。

(2) ——線部「おこらない……みせてくれ。」とありますが、父がこのように言ったのは、「わたし」にどんなことを伝えたかったからですか。父が「わたし」にいちばん伝えたかったこととして適切なものを次から一つ選び、記号を○で囲みましょう。

ア どんなにあやまっても、決して許さないということ。

イ あまり落ちこまないで、元気を出してほしいということ。

ウ 努力して、ほこれるものを見つけてほしいということ。

復習テスト 3

③章 物語

答えは別冊《べっさつ》12ページ

学習日　月　日

得点　/100点

1 次の文章を読んで、後の問いに答えましょう。

杜《と》子《し》春《しゅん》は、洛陽《らくよう》（昔の中国の都）の若者《わかもの》である。元は金持ちのむすこだったが、今は財産を使いつくし、あわれな身分になっている。今日も、ぼんやりと空ばかりながめていた。

するとどこからやってきたか、とつぜんかれの前へ足を止めた老人があります。それが夕日の光を浴びて、大きなかげを門へ落とすと、じっと杜子春の顔を見ながら、

「おまえは何を考えているのだ。」

と、*1おうへいに言葉をかけました。

「わたしですか。わたしは今夜ねる所もないので、どうしたものかと考えているのです。」

老人のたずね方が急でしたから、杜子春はさすがに目をふせて、思わず正直な答えをしました。

「そうか。それはかわいそうだな。」

老人はしばらく何事か考えているようでしたが、やがて、*2往来に差している夕日の光を指差しながら、

「では、おれがいいことを一つ教えてやろう。今この夕日の中へ立って、おまえのかげが地に映《うつ》ったら、その頭に当たる所を夜中にほってみるがいい。きっと車にいっぱいの黄《おう》金《ごん》がうまっているはずだから。」

（芥川龍《あくたがわりゅう》之《の》介《すけ》「杜子春」『中学生の本棚《ほんだな》』〈学習研究社〉より）

*1おうへい……えらそうな様子。　*2往来……道路。通り道。

(1) 杜子春が、あわれな身分になっていることは、どんなことからわかりますか。次の□に当てはまる言葉を、文章中から八字で書きぬきましょう。【20点】

・□□□□□□□□こと。

(2) ——線部「おれがいいことを一つ教えてやろう」とありますが、老人は、どんなことを教えてくれましたか。次の□に当てはまる言葉を、文章中から九字で書きぬきましょう。【20点】

・□□□□□□□□□を手に入れる方法。

2 次の文章を読んで、後の問いに答えましょう。

〈老人の言葉どおりに黄金を手に入れて大金持ちになった杜子春は、ぜいたくな暮《く》らしを始めた。〉

するとこういううわさを聞いて、今までは道で行きあっても、あいさつさえしなかった友だちなどが、朝夕遊びにやってきました。（中略）①杜子春はこのお客たちを相手に、毎日酒盛《さかも》りを開きました。その酒盛りのまたさかんなことは、なかなか口にはつくされません。ごくかいつまんだだけをお話ししても、杜子春が金のさかずきに西洋からきたぶどう酒をくんで、*1天竺《てんじく》生まれの魔法《まほう》使いが刀をのんでみせる芸に見とれていると、そのまわりには二十人の女たちが、十人はひすい*2の花を、十人はめのう*3のぼたんの花を、いずれも髪《かみ》にかざりながら、笛や琴《こと》を節《ふし》おもしろく奏《そう》しているというけしきなのです。

しかしいくら大金持ちでも、お金には際限がありますから、さすがにぜいたくやの杜子春も、一年二年とたつうちには、だんだん貧乏《びんぼう》になりだしました。そうすると人間は薄情《はくじょう》なもので、②きのうまでは毎日来た友だちも、きょうは門の前を通ってさえ、あいさつひとつしていきません。

（芥川龍之介「杜子春」『中学生の本棚』〈学習研究社〉より。一部略）

*1天竺……インドのこと。　*2ひすい・*3めのう……宝石《ほうせき》の種類。

(1) ——線部①「杜子春は……毎日酒盛りを開きました。」とありますが、酒盛《さか》りの具体的な様子が書かれている部分を文章中から探し、「…というような様子。」に続くように、初めと終わりの四字を書きぬきましょう。【完答20点】

・□□□□～□□□□というような様子。

(2) ——線部②「きのうまでは……あいさつひとつしていきません」と反対の様子を表している一文を文章中から探し、その初めの五字を書きぬきましょう。【20点】

□□□□□

(3) 杜子春のお金の使い方に当てはまるものを次から一つ選び、記号で答えましょう。【20点】

ア 先のことなど考えずに、使いたいだけ使ってしまう。

イ お金に際限があることを気にしながらも、ぜいたくをやめられない。

ウ 余分なお金を持ちたくないので、全部使い切ろうとする。

〔　　〕

16 説明文とは？

学習日　月　日

★説明文の種類と話題

ある事がらについて、読者によくわかるように説明した文章を**説明文**といい、内容によりいくつかの種類に分けられます。

説明文を読み取るには、まず、**話題**（筆者が何について説明しているか）をとらえることが必要です。

◆物語の書き手を「作者」というのに対して、説明文の書き手は「筆者」といいます。

① 説明文の種類

説明文の種類は、大きく次の三つに分けられます。

①科学的な事実を説明した文章
②調査や実験の報告文
③あることに対する筆者の意見や考えをまとめた文章

どの種類の説明文かな。

② 話題のとらえ方

次のことをおさえて、説明文の話題をとらえましょう。

・話題は文章の初めに示されていることが多い。
・読み手への問いかけの文で話題が示される場合もある。
例「〜でしょうか（だろうか）。」などで終わる文。
・文章中にくり返し出てくる言葉（キーワード）は、話題と結び付いていることが多い。
・文章の題名が話題を表す場合もある。

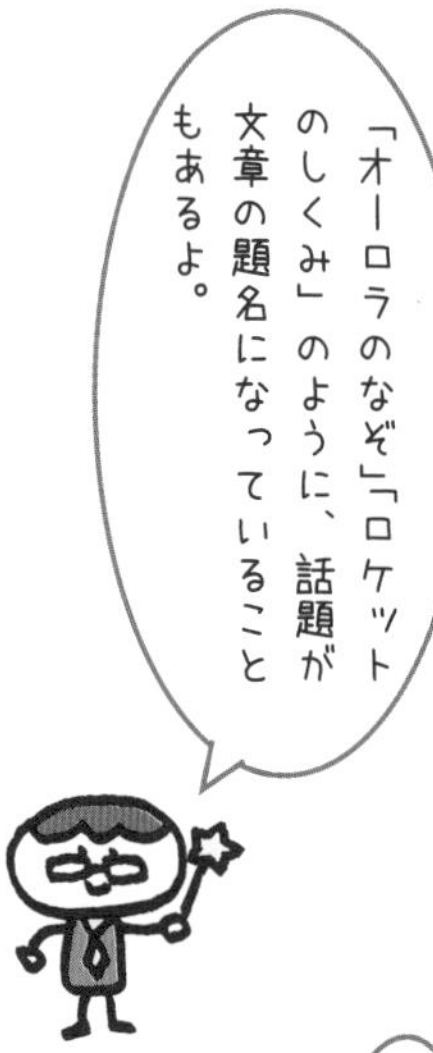
「オーロラのなぞ」「ロケットのしくみ」のように、話題が文章の題名になっていることもあるよ。

「キーワード」は「かぎとなる言葉」だよ。

次の文章を読んで、下の問いに答えましょう。

発電所は、水力、火力、原子力など、いろいろなタイプがあり、電気をつくるためのエネルギー源《げん》が、それぞれ異《こと》なります。太陽光発電は、太陽電池を使い、光のエネルギーを直接電力に変えますが、それ以外の発電のしくみは、エネルギー源が異なることを除《のぞ》けば、基本的に同じです。

みなさんは、自転車についている発電機を見たことがありますか。自転車の発電機は、電線を巻《ま》いたコイルの中で磁石《じしゃく》を回転させると電気がおこることを利用して電気をつくっています。自転車をこいで車輪を回すと、タイヤに取りつけられた発電機が回って電気がおこり、ライトがともります。

発電所の発電機も、自転車の発電機としくみは同じです。水が落ちるときのエネルギーや、熱のエネルギーで発電機の中の磁石を□させ、電気をおこしているのです。

（「発電所ではどうやって電気をつくっているの？」『よみとく10分　なぜ？　どうして？　科学のお話　6年生』〈学研プラス〉より）

(1) 発電所には、どのようなタイプがありますか。文章中から三つ書きぬきましょう。

［　　　］発電所

［　　　］発電所

［　　　］発電所

(2) この文章で、読み手に問いかけている一文を探《さが》し、その初めの五字を書きぬきましょう。

□□□□□

(3) □に当てはまる漢字二字の言葉を、文章中から書きぬきましょう。

□□

17 指示語が指している内容をつかもう

学習日　月　日

★指示語をつかむと文章の内容がつかめる

説明文には、「これ」「それ」など、何かを指し示す**指示語**が多く使われています。指示語が指す内容をとらえて、説明文を正しく読み取りましょう。

❶ 指示語の種類

指示語は、ふつう、前に述べたことを指し示し、同じ言葉や内容のくり返しをさけるために用いられます。

	物	場所	方向	指定	様子
こ	これ	ここ	こちら こっち	この	こんな こう
そ	それ	そこ	そちら そっち	その	そんな そう
あ	あれ	あそこ	あちら あっち	あの	あんな ああ
ど	どれ	どこ	どちら どっち	どの	どんな どう

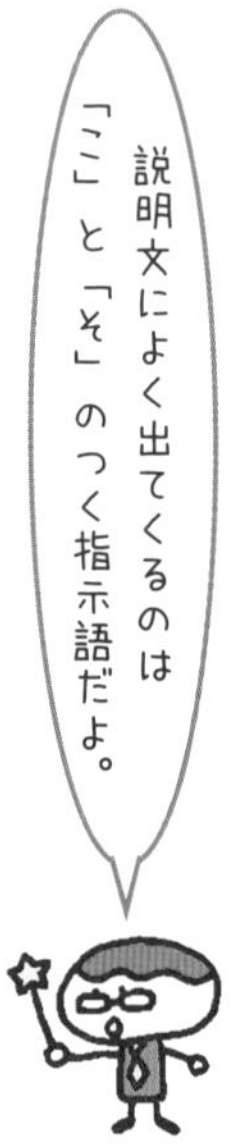
説明文によく出てくるのは「こ」と「そ」のつく指示語だよ。

❷ 指示語の内容をとらえる手順

① **指示語の後の言葉に注目して、ヒントをつかむ。**

② ヒントを手がかりにして、**指示語の前**から指し示す内容を探《さが》す。（指示語が指し示す内容は、指示語の前にあることが多い。）

③ 探した言葉を**指示語の部分に当てはめて**、文がうまくつながるかどうかを確かめる。

右の手順で、次の――線の指示語の内容をつかみましょう。

例 たくさんの動物が草原で生活している。ライオンも**そこ**で生活している。

指示語

① 「そこ」の後は「～で生活している」なので、〝ライオンはどこで（場所）生活しているのか〟と考える。

② 指示語の前から、場所を表す言葉を探すと、「草原」が見つかる。

③ 「そこ」に「草原」を当てはめると、「ライオンも草原で生活している。」となり、文がうまくつながるので、正解だとわかる。

「そこ」は、場所を指す言葉だよ。

答えは別冊《べっさつ》6ページ　できなかった問題は、復習しよう。

次の文章を読んで、下の問いに答えましょう。

最初の生き物は、どんな生き物だったのでしょう。①その答えは現代の科学でも、じつは解明されていない大きななぞなのです。

でも、多くの科学者たちが考えている説があります。②それは、「バクテリア」のような単純《たんじゅん》なからだのしくみを持つ、小さな生き物だったのではないか、という説です。

では、そのバクテリアはどうやって生まれたと考えられているのでしょう。

今から四十億年前、地球にはすでに、海ができていました。ただ、現在の海とは大きくちがって、絶えずかみなりが落ち、火山の爆発《ばくはつ》で高熱が加えられ、強い紫外線《しがいせん》が降《ふ》り注いでいました。そんな環境《かんきょう》の中で、海にとけていた成分から、生き物のからだのもととなる「アミノ酸」というものができたのではないかと考えられています。（このアミノ酸は、いん石によって宇宙《うちゅう》から飛来したのではないかという説もあります。）

□、このアミノ酸から、長い年月の間に「タンパク質」がつくられ、さらに長い年月をかけて、バクテリアのような生命が生まれたのではないか、というわけです。

（「最初の生き物はどうやって生まれたの？」『よみとく10分　なぜ？　どうして？　科学のお話　6年生』〈学研プラス〉より）

---

(1) ――線部①「その答え」とは、どんなことの答えですか。次の□に当てはまるように、文章中から十七字で書きぬきましょう。

・□□□□□□□□□□□□□□□□□のか

ということの答え。

(2) ――線部②「それ」が指している言葉を、文章中から十五字で書きぬきましょう。

□□□□□□□□□□□□□□□

(3) □に当てはまる言葉として適切なものを次から一つ選び、記号を○で囲みましょう。

ア　そして
イ　けれども
ウ　さて

18 段落《だんらく》の要点を読み取ろう

学習日　月　日

★段落《だんらく》の要点を読み取る

文章は、内容によって、いくつかのまとまりに分かれています。その一つ一つを**段落**といいます。

説明文を読み取るときは、各段落の**要点**（筆者が最も言いたい事がら）をつかみながら読むことが大切です。

① 段落とは

文章の中で、書きだしを一字下げて書いた内容のまとまりです。

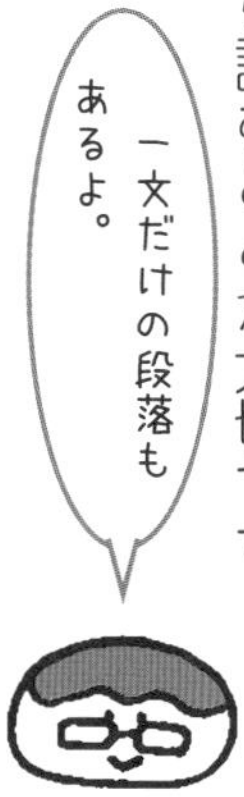

一文だけの段落もあるよ。

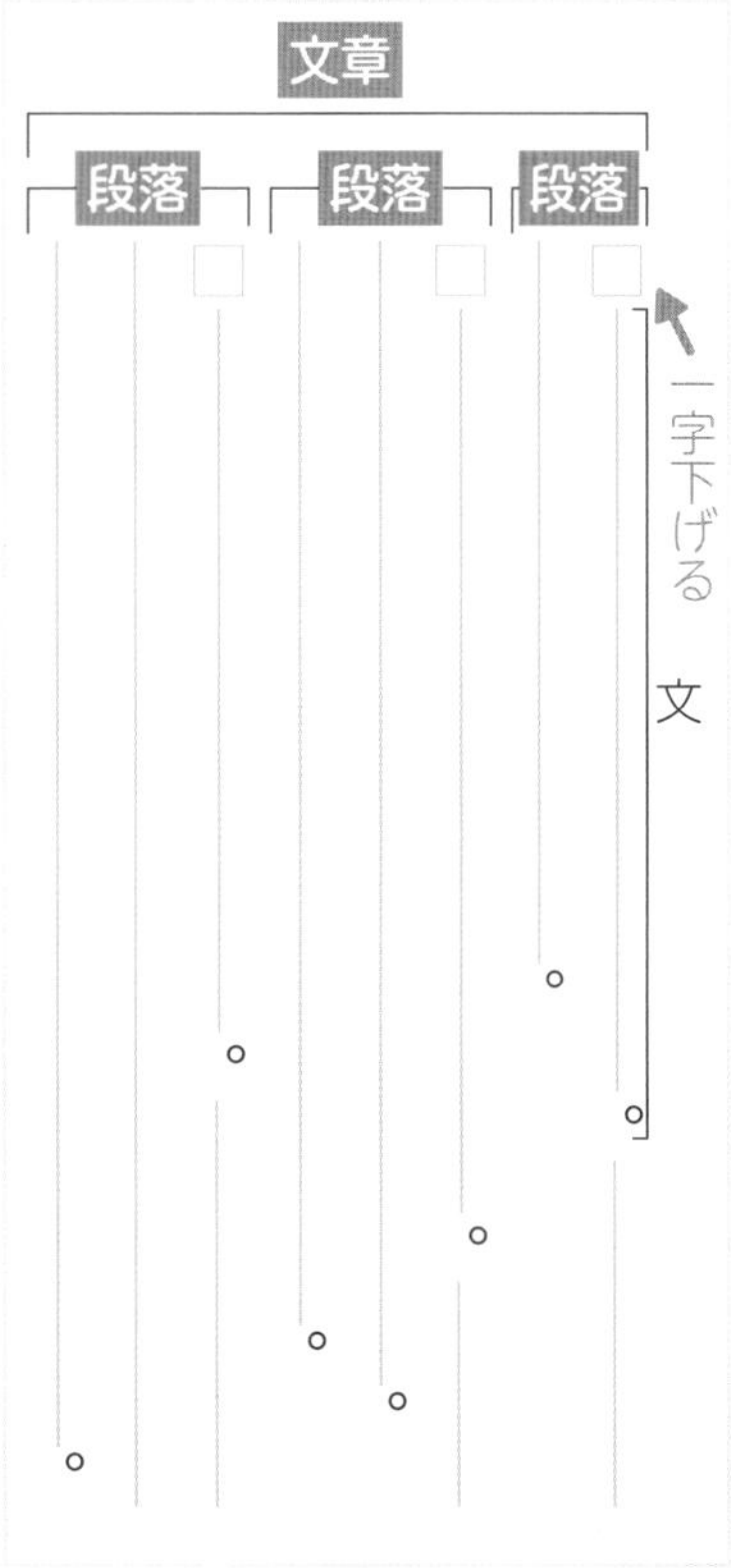

文章
段落
段落
段落
一字下げる
文

② 段落の要点のつかみ方

段落の中で、要点がまとめられている一文を**中心文**といいます。段落の要点をつかむには、どの文が中心文なのかをとらえることが大切です。

次の例文で、要点のつかみ方を確認《かくにん》してみましょう。

鳥の飛び方は、鳥によってさまざまです。オオワシは、はばの広いつばさをもち、気流に乗って長い時間はばたかずに空を飛びます。ハチドリのように体の小さな鳥は、つばさを常にはばたかせて飛びます。

中心文

中心文をくわしく説明するための文

最も大切な文が中心文なんだね。

要点
鳥の飛び方は、鳥によってさまざまである。

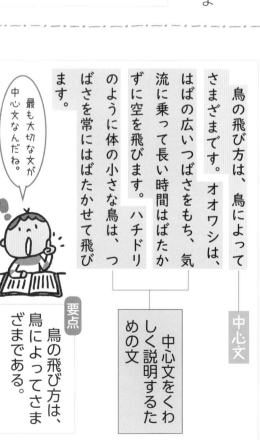

基本練習

答えは別冊《べっさつ》6ページ　できなかった問題は、復習しよう。

次の文章を読んで、下の問いに答えましょう。（1・2は段落《だんらく》番号です。）

1写真のないころ、見たことのないものを想像するのは、とても難《むずか》しいことでした。象という動物を、言葉で教えられても、鼻をくるりと巻《ま》いてえさを食べる様子や、あのゆっくりした重い歩き方、厚い皮ふの感じを、どこまで目にうかべることができたでしょうか。

2今、わたしたちは、アフリカの砂漠《さばく》、油田の大火災、宇宙《うちゅう》から見た地球の姿《すがた》など、映像《えいぞう》によってたくさんのことを知るようになりました。毎日が映像とともに明けくれている、といってもよいでしょう。そして、このような時代だからこそ、わたしたちは、映像が教えてくれることに注意深くならなければいけないと思うのです。

（山田太一《やまだたいち》「映像を見る目」『光村ライブラリー第十七巻《かん》』〈光村図書出版〉より）

(1) 1の段落は、二つの文でできていますが、中心文はどちらの文ですか。記号を○で囲みましょう。

ア　写真のないころ、見たことのないものを想像するのは、とても難しいことでした。

イ　象という動物を、言葉で教えられても……目にうかべることができたでしょうか。

(2) 2の段落の要点（この段落の中で、筆者が最も言いたいこと）として適切なものを次から一つ選び、記号を○で囲みましょう。

ア　今、わたしたちは、映像によってたくさんのことを知るようになった。

イ　今、わたしたちの毎日は、映像とともに明けくれている、といってもよいだろう。

ウ　わたしたちは、映像が教えてくれることに注意深くならなければいけないと思う。

19 筆者の考えをつかもう

学習日　月　日

説明文では、事実を述べた文と考えを述べた文を読み分けて、筆者の考えをつかみましょう。

★事実と筆者の考えを読み分ける

❶事実を述べた文

事実…実際の出来事・筆者が経験したこと・具体例など。

文末表現の例「〜だ。」「〜である。」「〜ている。」など。

例 日本でいちばん長い川は、信濃川《しなのがわ》である。
毎年、新しい薬が開発されている。

❷筆者の考えを述べた文

筆者の考え…提案・疑問《ぎもん》・主張など。

文末表現の例「〜してはどうか。」「〜だろうか。」「〜と思う。」「〜にちがいない。」「〜べきだ。」など。

例 健康のために、夏休みも毎朝早起きしてはどうか。
自然エネルギーの利用を増やすべきだ。

説明文の読み取りで大切なのは、筆者が読み手に最も伝えたいことをつかむことです。

次の例文で、筆者の考えが書かれている文を確認《かくにん》してみましょう。

日本では、手入れがいきとどかずに、あれた森林が増えている。しかし、森林には、雨水をたくわえてこう水を防ぐ働きや、空気中の二酸化炭素を吸収《きゅうしゅう》して、酸素を出す働きなどがある。また、さまざまな生物が生活する場所にもなっている。

森林をきちんと手入れしながら活用し、子孫に残していくことが重要ではないだろうか。

事実

筆者の考え

基本練習

答えは別冊《べっさつ》6ページ　できなかった問題は、復習しよう。

次の文章を読んで、下の問いに答えましょう。（1・2は段落番号《だんらくばんごう》です。）

〔けんかばかりしている兄弟が、笑って写真をとったとする。その写真だけを見た人の中には、「仲の良い兄弟」だと、まちがって受け取ってしまう人と、写真をよく見て、「いつも仲良しなはずはない」と思う人とがいる。〕

1本を読むより映像《えいぞう》を見るほうが楽だとよく言われますが、映像のすばらしさを本当に味わうことは、それほど簡単《かんたん》ではないのです。よく考えずにたくさんの映像に接していると、「仲の良い兄弟」の例ではありませんが、いろいろなことで、わたしたちはまちがったものの感じ方をしてしまいます。テレビでかっこうのいいコマーシャルをやっている商品を、なんとなく①商品のように感じてしまうのも、一つの例でしょう。美しい雪の村の写真に見とれていて、その寒さ、②、不便さには気が付かないというのもありがちなことです。

2確かに、テレビや映画《えいが》や写真を通して、映像は、実にわたしたちのくらしを豊かに広げてくれました。しかし、その豊かな映像が、事実のある一面しか見せていなかったり、正しくないものを正しいと感じさせたりすることもあるのです。いつも注意深く映像を見る練習をして、本当の映像の意味を味わうことができるようにしたいものです。

（山田太一《やまだたいち》「映像を見る目」『光村ライブラリー第十七巻《かん》』〈光村図書出版〉より）

---

(1) 文章中の①・②に当てはまる言葉として適切なものを、次から一つずつ選び、記号を〇で囲みましょう。

①
ア 良い
イ 悪い
ウ 安い

②
ア 美しさ
イ おだやかさ
ウ 厳《きび》しさ

(2) 筆者は、わたしたちは映像とどのようにかかわっていけばよいと考えていますか。筆者の考えがまとめられている一文を、2の段落の中から探《さが》し、その初めの五字を書きぬきましょう。

20 文章の組み立てをつかもう

一つ一つの段落《だんらく》の役割《やくわり》をつかみ、段落どうしのつながりをとらえることで、文章全体の組み立てがわかります。

学習日　月　日

★説明文の組み立て

説明文を読むときは、文章の組み立てをつかんで、結び(結論《けつろん》)のまとまりをとらえることが大切です。

1 説明文の組み立て(構成)

説明文で最も多く見られるのは、次のような組み立てです。

前置き(序論《じょろん》)	話題を示す。 例 情報を得るときに、インターネットを使っていますか。
中心(本論)	くわしく説明する。 例 インターネットの情報の中には、不正確なものもあり、……。
結び(結論)	最も伝えたいことをまとめる。 例 得た情報が信用できるものか、判断する力をつける必要があります。

2 段落の役割の例

「前置き」の部分にある段落
・話題を示す。

「中心」の部分にある段落
・理由を述べる。
・具体的な例を示す。
・内容を発展《はってん》させる。

「結び」の部分にある段落
・結論(まとめ)を述べる。

◆段落どうしのつながりをつかむときには、段落の初めの言葉にも注目しましょう。「しかし」「つまり」などの接続語や、「まず」「次に」などの順番を表す言葉がある場合は、これらも手がかりになります。

答えは別冊《べっさつ》6ページ　できなかった問題は、復習しよう。

次の文章を読んで、下の問いに答えましょう。（1～7は段落《だんらく》番号です。）

1 夜ぐっすりねむって目覚めた朝は、たいへんさわやかな感じがします。反対に、夜ふかしをしたり、寝苦《ねぐる》しかったりして、寝不足のまま起きた朝は、なんとなくぼんやりしています。

2 夜になると、普通《ふつう》は、だれでもねむりますが、いったい、ねむりとは、どういうものなのでしょうか。

3 第一に、ねむっている間は、せきをしたり、くしゃみをしたりすることはあっても、自由に動き回ることはありません。夢の中でおかしを食べたくなっても、戸棚《とだな》の所へ行って食べることはしないでしょう。

4 第二に、ねむっている人間は、感じがにぶくなっています。そばで悪口を言われても、気が付きません。起きているときに聞こえるぐらいの話し声では聞こえないのです。

5 第三に、ねむりは、ときどきやって来ます。大人の場合は、普通一日一回です。

6 第四に、ねむりは、人間にとって必要なものです。仮に何日もねむらないでいようといくら努力しても、必ずねむってしまいます。人間は、ねむらずにいることはできないのです。

7 ねむりというものは、このような性質を持っています。

（宮城音弥《みやぎおとや》「ねむりについて」『光村ライブラリー第十七巻《かん》』〈光村図書出版〉より）

---

(1) この文章で、読み手に問いかける形で話題を示している段落は、どれですか。段落の番号で答えましょう。

［　　］

(2) ――線部「人間は、ねむらずにいることはできないのです。」とありますが、それはなぜですか。次の□に当てはまる言葉を、文章中から二字で書きぬきましょう。

・人間にとって、ねむりは□□なものだから。

(3) この文章を、前置き・中心・結びの三つに分けるとすると、どこで分けられますか。三つに分けたものとして適切なものを次から一つ選び、記号を○で囲みましょう。

ア 1／2～4／5～7

イ 1・2／3～6／7

ウ 1～3／4～6／7

4章 説明文 情報の読み取り1

21 グラフと文章から情報を読み取ろう

学習日 月 日

★文章とグラフを読み取ろう

次は、木村《きむら》さんが書いた文章と、調べた資料です。

最近、私《わたし》の組でもちこくをする人が多くなった気がします。

先生のお話によると、おそくまでゲーム機やスマートフォンを使っていて、朝ちこくをする人や、授業中いねむりをする人が、特に五・六年生に増えているそうです。その原因を知るために、小学生はどのような通信機器を持っているかについて、調べてみました。

【資料】
小学生が家庭で自由に使える通信機器

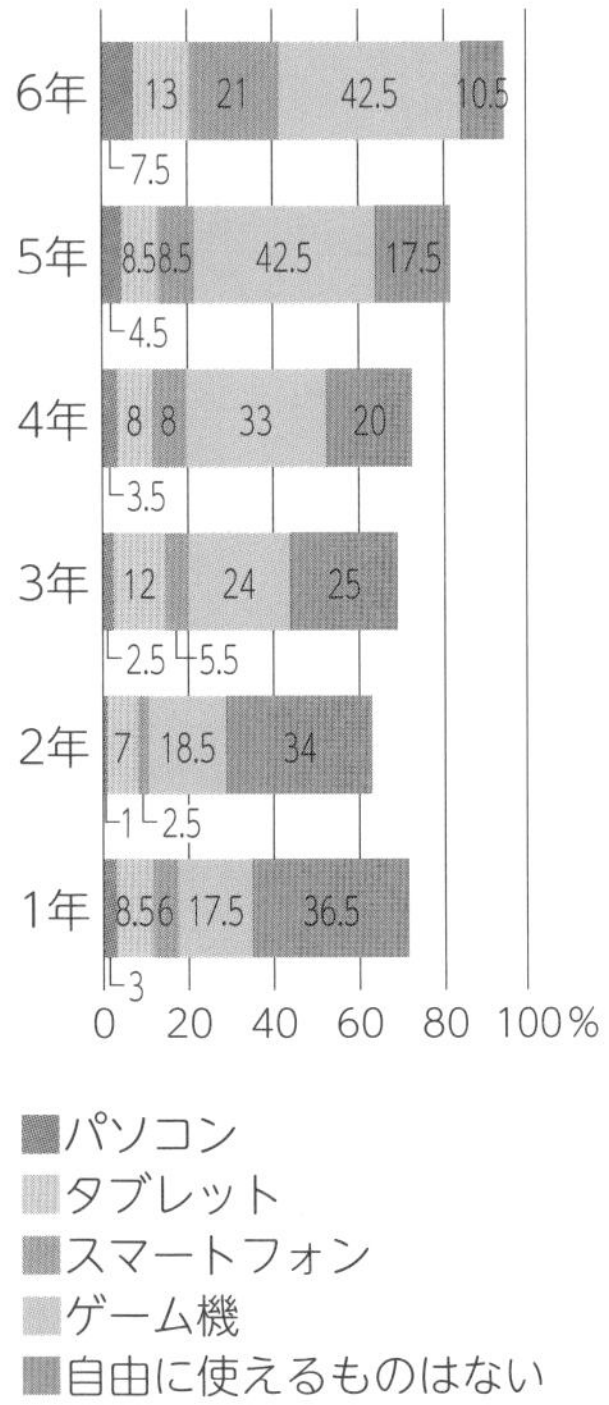
6年 7.5 13 21 42.5 10.5
5年 4.5 8.5 8.5 42.5 17.5
4年 3.5 8 8 33 20
3年 12 2.5 5.5 24 25
2年 7 1 2.5 18.5 34
1年 8.5 3 6 17.5 36.5
0 20 40 60 80 100%
パソコン
タブレット
スマートフォン
ゲーム機
自由に使えるものはない

●文章を読み取ろう

・木村さんは、どんなことを調べましたか。

↓小学生は、どのような通信機器を持っているか。

・なぜ調べようと思ったのですか。

↓先生のお話を聞いて、ちこくやいねむりの原因がゲーム機などの通信機器と関係があるのではないかと思ったから。

●【資料】のグラフから読み取れること

・学年が上がるほど、「自由に使えるものはない」の割合《わりあい》が減る。↓自由に使える通信機器が増える。

・「自由に使えるものはない」を除《のぞ》くと、全ての学年で、ゲーム機の割合が最も高い。

・特に五・六年生は、ゲーム機を持っている割合が高い。

・スマートフォンの割合は、六年生は五年生の倍以上である。

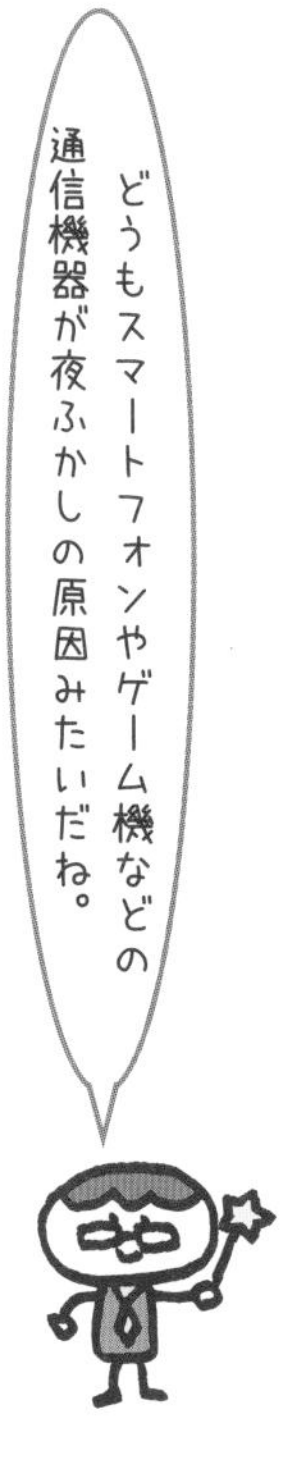
どうもスマートフォンやゲーム機などの通信機器が夜ふかしの原因みたいだね。

答えは別冊《べっさつ》7ページ　できなかった問題は、復習しよう。

右ページの文章と【資料】を読み、次の問いに答えましょう。

(1)　木村《きむら》さんが、【資料】のことを調べてみようと思ったのはなぜですか。次の文の□に当てはまる言葉を漢字四字で答えましょう。

・先生から、おそくまでゲーム機などを使っていて、朝ちこくをする人や、授業中いねむりをする人が、特に五・六年生に増えていると聞き、それは、自由に使える□□□□と関係があるのではないかと思ったから。

(2)　【資料】で、「自由に使えるものはない」の割合《わりあい》は、学年が上がるにつれて、どうなっていますか。適切なものを次から一つ選び、記号を○で囲みましょう。

ア　増えている
イ　変わらない
ウ　減っている

(3)　文章と、【資料】から、木村さんが考えたことを次のようにまとめました。□に当てはまる言葉として適切なものを後から一つ選び、記号を○で囲みましょう。

・五・六年生の、ゲーム機を自由に使える割合は、ともに42・5パーセントである。また、六年生の、スマートフォンを自由に使える割合は21パーセントである。一・二年生と比べると、ゲーム機とスマートフォンを持っている人が□。このことが朝のちこくや、授業中にいねむりをする原因になっているのではないかと考える。

ア　増えている
イ　変わらない
ウ　減っている

4章 説明文 情報の読み取り2

22 読み取った情報から意見を書いてみよう

学習日 月 日

★情報を読み取って自分の意見を書いてみよう

【資料1】は小学生が塾《じゅく》に通う割合《わりあい》を学年ごとに示したものです。また、【資料2】は、小学生の一か月の読書量を学年ごとに表したものです。

これら二つの情報を読み取って、自分の意見を書いてみましょう。

【資料1】小学生が塾に通う割合

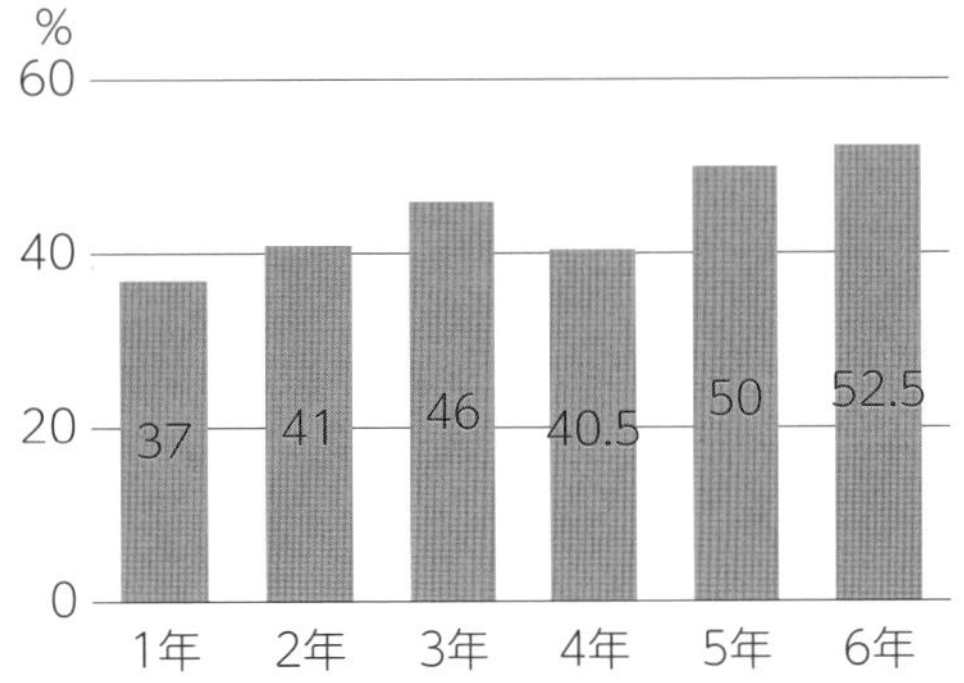

【資料2】小学生の一か月の読書量

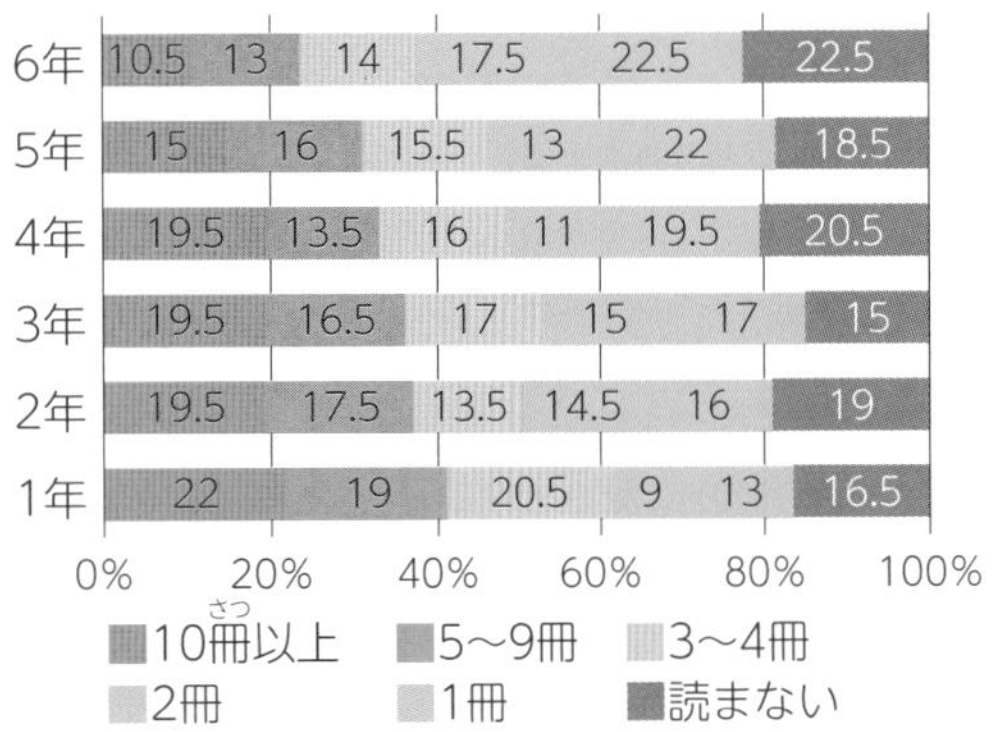

● それぞれの情報を読み取ります。

【資料1】…塾に通う割合は、ほぼ学年が上がるにつれて増えている。

【資料2】…読書量は、学年が上がるにつれて減っている。

● 二つの情報からどんなことが考えられますか。

例 高学年になるほど塾に通うなど勉強に時間が取られるため、読書量が減るのではないだろうか。

● あなた自身や周りの友達の場合は、どうですか。

例 ぼくも、六年生になって学習塾に行くようになり、本を読む時間がなくなった。

● 高学年になるほど読書量が減ることについて、あなたはどう思いますか。

例 塾に通う時間が増えれば読書量が減るのは仕方がないかと思う。また、一年生と六年生では読む本一冊《いっさつ》の文章量がちがう。それも、高学年になるほど読書量が減る原因かもしれない。

基本練習

答えは別冊《べっさつ》7ページ　できなかった問題は、復習しよう。

右ページの【資料1】・【資料2】を読み、次の問いに答えましょう。

(1) 【資料1】について、塾《じゅく》に通う子どもの割合《わりあい》は、学年が上がるにつれてどうなりますか。適切なものを次から一つ選び、記号を○で囲みましょう。

ア　増える

イ　変わらない

ウ　減る

(2) 【資料2】について、「十冊以上《じっさつ》」の割合が最も高い学年を〔　　〕に書きましょう。

〔　　　〕

(3) 【資料2】について、「読まない」の割合が最も高い学年を〔　　〕に書きましょう。

〔　　　〕

(4) 【資料2】について、小学生の一か月の読書量は、学年が上がるにつれてどうなっていると考えられますか。次の〔　　〕に、「増える」「減る」のどちらかの言葉を書きましょう。

・学年が上がると、「十冊以上」の割合が〔　　　〕。

また、「一冊」と「読まない」の割合が〔　　　〕。

このことから、学年が上がるにつれて、読書量は〔　　　〕と考えられる。

(5) 【資料1】・【資料2】から読み取ったことをもとに、自分の考えをまとめてみましょう。

復習テスト 4

4章 説明文

答えは別冊《べっさつ》12ページ

学習日　月　日

得点　/100点

次の文章を読んで、後の問いに答えましょう。（1～5は段落《だんらく》番号です。）

1 昔から、「百聞は一見にしかず」とか、「見るは聞くにまさる」とか、言われてきました。これらのことばの意味するところは、ことばで、どんなに現地（実物）のようすを伝えようとしても、現地のすべてを代表することはできない、ということです。

2 私《わたし》は、ギリシャ神話に、子どものときから親しんできたせいか、アテネのアクロポリスにあこがれ、アクロポリスの話を何度も聞いたり、読んだりしていました。そして、写真なども見ておりましたので、私の頭の中には、アテネのアクロポリスのイメージが、しっかりと刻《きざ》み込《こ》まれていました。

[1]、実際にアテネを訪《たず》ね、近しくアクロポリスを見たとき、それまで私が持っていたアクロポリスのイメージが、いかに部分的なものであったかを、痛感《つうかん》しました。*1厳然《げんぜん》と高く、丘《おか》の頂上《ちょうじょう》に立っているアクロポリスは、それまでことばで読んだり聞いたりしていたより、はるかにすばらしく、*2雄弁《ゆうべん》だったのです。

3 みなさんも、一度や二度は、①こんな体験をしたことがあるでしょう。

4 あるもの（こと）を、ことばで表現するというのは、ところどころ穴《あな》のあいたバケツで水をすくおうとするのに似ています。自分では一生懸命《けんめい》に水をすくっているのに、知らない間に、②いくらかの水は、穴からこぼれ落ちてしまっているのです。つまり、ことばで表現すると、そのもののすべてをことばで言い表そうとしているにもかかわらず、必ず、言い表そうとしていることの一部が、口にされたことばからこぼれ落ちてしまう、ということです。私たちは、このことをしっかり胸《むね》にとどめておかなくてはなりません。

5 ことばは、心と心の通じ合い、つまりコミュニケーションの手段《しゅだん》として、人間が創造《そうぞう》したすばらしい道具ですが、けっして完全なものではないのです。「ことばでは言い表せない」、「言うに言われぬ」、「言語に絶する」などということばが、みごとに[2]を、言い当てているではありませんか。

（斎藤《さいとう》美津子《みつこ》「話しことばの秘密《ひみつ》―ことばのキャッチボール」〈創隆社〉より）

＊1厳然……重々しくおごそかな様子。
＊2雄弁……すらすらとうまく話すこと。

(1) 1 に当てはまる言葉として適切なものを次から一つ選び、記号で答えましょう。【10点】

ア しかし
イ だから
ウ そして

〔　　〕

(2) 2の段落は、どんなことの具体例として挙げられていますか。次の□に当てはまる言葉を、文章中から十八字で書きぬきましょう。【20点】

・ことばで、どんなに現地のようすを伝えようとしても、□ということ。

(3) ――線部①「こんな体験」とはどのような体験ですか。次の□に当てはまる言葉を、文章中から六字で書きぬきましょう。【10点】

・実際に、アクロポリスを見たときに、私が持っていたイメージが、いかに□であったかを痛感した体験。

(4) ――線部②「いくらかの水は、穴からこぼれ落ちてしまっているのです」とありますが、「いくらかの水」は何をたとえた言葉ですか。文章中から十五字で書きぬきましょう。【20点】

(5) 2 に当てはまる言葉として適切なものを次から一つ選び、記号で答えましょう。【20点】

ア ことばの雄弁さ
イ ことばの便利さ
ウ ことばの不完全さ

〔　　〕

(6) 筆者は、ことばとはどういうものだと考えていますか。筆者の考えがまとめられている一文を文章中から探《さが》し、初めの七字を書きぬきましょう。（句読点やかぎも一字と数えます。）【20点】

23 随筆《ずいひつ》とは?

★随筆《ずいひつ》の特ちょう

随筆とは、筆者が体験したことや見聞きしたことをもとに、考えたことや思ったことを自由に書いた文章です。

◆物語の書き手を「作者」というのに対して、ふつう、随筆の書き手は「筆者」といいます。

日本に残るいちばん古い随筆は、清少納言《せいしょうなごん》という人が書いた「枕草子《まくらのそうし》」だよ。

❶ 随筆に書かれていること

随筆で中心となるのは、次の二つです。

- 事実(出来事や体験)
- 筆者の思いや感想

随筆には筆者の個性がよく表れているよ。

❷ 随筆の種類と話題

●随筆には、次のような種類があります。

①日常生活などを記録した文章

②社会的な事がらなどについて、深く考えて書いた文章

●よくあつかわれる話題には、次のようなものがあります。

随筆の話題
家族のこと
昔の思い出
自然に関係する事がら
社会的な事がら
風力発電

学習日 月 日

基本練習

答えは別冊《べっさつ》7ページ　できなかった問題は、復習しよう。

次の文章を読んで、下の問いに答えましょう。

中学生のとき、「僕《ぼく》」には、たけいちという名前の同級生がいた。たけいちはとにかく学校に登校するのが異常《いじょう》に早かったので、「一番乗り」というあだ名がついていた。

ある日、僕はたけいちがどんなに早く登校するかを知りたくて、早起きすることにしたのである。正確な時間はもう今は思い出せないが、いつもより一時間は早い登校だったと思う。僕にとって一時間は非常に辛《つら》い早起きだったのである。子供《こども》ながらにすごい低血圧で、おまけに深夜放送ファンだったからだ。僕は前の日、早起きの父親にたのんで起こしてもらうことにしてねむったのである。

かくして僕はいつもより一時間早く登校することになった。誰《だれ》もいない静かな廊下《ろうか》を僕は＊1①優越感《ゆうえつかん》にひたりながら踏《ふ》みしめて教室を目指したのだが、なんとそこにはすでにたけいちがいたのである。②たけいちは自分の机《つくえ》に座《すわ》って早弁《はやべん》をしていたのだ。そして彼《かれ》は僕と目が合うと余裕《よゆう》で、随分《ずいぶん》早いんだね、と笑うのだった。

僕は次の日、その悔《くや》しさをバネにいつもよりさらに一時間三十分早く起きることにしたのだが、その挑戦《ちょうせん》は僕の低血圧が原因で＊2自爆《じばく》となってしまった。僕にとって一時間以上の早起きは無理だったようなのである。おそるべしたけいちであった。

（辻仁成《つじひとなり》「そこに僕はいた」〈新潮社〉より）

＊1　優越感……自分が人よりすぐれていると思って感じる快感。
＊2　自爆……自分で自分の計画などをだめにしてしまうこと。

(1) ——線部①「優越感にひたりながら」とありますが、このとき、「僕」が優越感にひたっていたのはなぜですか。適切なものを次から一つ選び、記号を○で囲みましょう。

ア　いつもより一時間早く起きられたことに満足していたから。

イ　早朝の学校の空気がとてもすがすがしく感じたから。

ウ　自分がいちばん早く登校したと確信していたから。

(2) ——線部②「たけいちは自分の机に座って早弁をしていたのだ。」とありますが、このときのたけいちの様子を表す言葉を、文章中から二字で書きぬきましょう。

(3) 「僕」は、このときの出来事から、たけいちに対してどう思うようになりましたか。五字で書きぬきましょう。

5章 随筆 表現の工夫

24 表現を読み味わおう

★随《ずい》筆《ひっ》の表現

随筆を読むときは、工夫《くふう》されている表現に注目し、「えがかれている様子」や「筆者の気持ち」をとらえましょう。

随筆でよく使われる表現には、次のようなものがあります。

① **季節感のある表現**

例 その朝、せみの鳴き声で目が覚めた。

② **たとえ（比喩《ひゆ》）を使った表現**

例 湖面は、まるで鏡のようだった。

③ **言葉を省略した表現**

例 あの試合だけは、絶対勝ちたかったのに。

→「負けてしまった」などの言葉が省略されている。

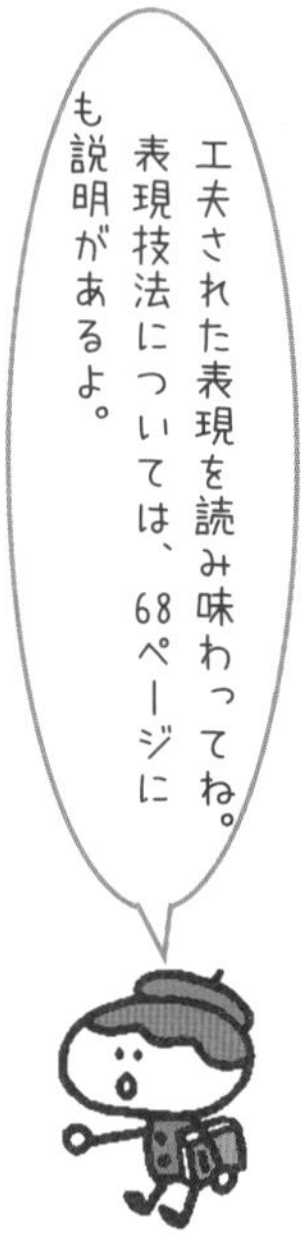

工夫された表現を読み味わってね。表現技法については、68ページにも説明があるよ。

次の随筆の表現を見てみましょう。小学校の低学年だった「私《わたし》（筆者）」が、ずっと食べたかったメロンパンを初めて食べた時の場面です。

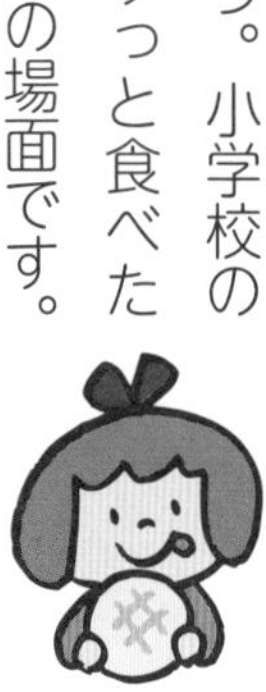

学習日　月　日

あのカリフラワー状のもこもこが、パラパラと土壁《つちかべ》のようにこぼれ始めたと思ったら、何かが突然《とつぜん》、がばっと「カツラ」のようにはがれ落ちた時の、えっ?!という、*衝《しょう》撃《げき》である。

レモン色のもこもこがはがれ落ちると、下から現れたのは、白いパンであった。味も素っ気もない、ただのパン……。

あれほど私を夢中にさせ、なやませたきれいな色のもこもこは、パンの表面をおおった、厚さわずか一、二ミリの「かさぶた」のようなものだったのだ。中身も、外側と同じでいてほしかったのに。

（森下典子《もりしたのりこ》「黄色い初恋《はつこい》」『いとしいたべもの』〈世界文化社〉より）

＊衝撃……心が激《はげ》しくゆさぶられること。ショック。

■の部分が、たとえになっている。
→メロンパンの外側がはがれる様子や、その時の「私」の気持ちが伝わってくる。

■の部分は、「ほしかったのに」の後に「ちがっていた」などの言葉が省略されている。
→「私」の残念な気持ちが伝わってくる。

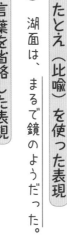

答えは別冊《べっさつ》7ページ　できなかった問題は、復習しよう。

次の文章を読んで、下の問いに答えましょう。

わたしが、十歳《じっさい》か十一歳のころのことである。「参観日」といって、母親たちが授業を見に来る日があった。子供《こども》たちは、母親の前で特別に張り切って勉強する。わたしも、先生の問いに対して自信をもって答えるのだが、いつもとちがって、まちがってばかりなのである。そっと後ろを向いて母の顔を見ると、なんだかはずかしそうにしている。そこで、少し難《むずか》しい問いのとき、ほかの子が考えこんでいるすきにさっと手を挙げ、勢いこんで答えたら、それは全くの見当外れで、教室中に「わっ。」と笑い声が上がった。

そのとき、不思議なことが起こった。わたしは、母からも先生からも友達からも全く切りはなされて、たった一人で、どこかにほうり出されたように感じたのだ。①笑い声も友達の笑顔《えがお》も、何かガラスごしの世界のようで、わたしは、ただ一人だけでこの世にいるとしかいえないような気持ちになった。

②わたしは、この世に一人で生きている。では、なんのために、どうして、こんな所に生きているのだろう。それまでは、別にそんなことを考えたり、感じたりすることはなく、みんなと同じように楽しくやってきた。それが今、まるで群れの中から迷い出てしまった一匹《いっぴき》の羊のように、わたしはどこにいるか、これから先、どこへ行くべきか、見当がつかないような気持ちになった。

（河合隼雄《かわいはやお》『「わたし」とはだれか』『光村ライブラリー第十七巻《かん》』〈光村図書出版〉より）

(1) ――線部①「笑い声も友達の笑顔も、何かガラスごしの世界のようで」とは、どんなことをたとえた表現ですか。次から適切なものを一つ選び、記号を○で囲みましょう。

ア 「わたし」が、みんなに笑われて、とても悲しかったこと。

イ 「わたし」には、みんなが笑った理由がよくわからなかったこと。

ウ 「わたし」が、自分一人だけがみんなとは別の世界にいるように感じたこと。

(2) ――線部②「わたしは、この世に一人で生きている。」とありますが、このように感じた「わたし」は、この時の自分を何にたとえていますか。文章中から十八字で書きぬきましょう。

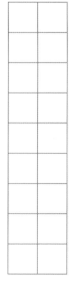

25 筆者の思いを読み取ろう

★随筆《ずいひつ》にこめられた筆者の思い

随筆には、体験や出来事をもとにした筆者の思いや感想がえがかれています。思いや感想がえがかれている部分から、筆者が書き表したいことを読み取りましょう。

◆筆者の「思いや感想」をとらえるには、次のことに注目しましょう。

① **まとめ**に当たる部分があるか。
② **くり返し出てくる言葉（キーワード）**があるか。
③ **題名**が内容を表していないか。

※48ページの「事実」と「考え」の読み分け方を参考にしましょう。

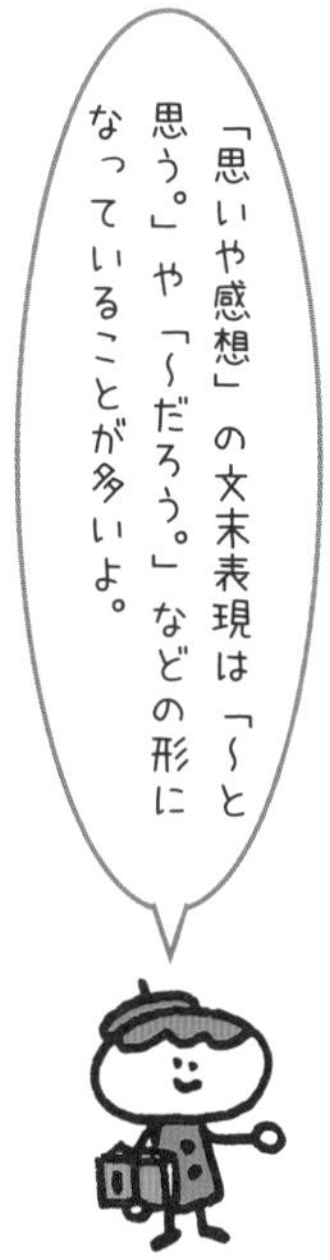
「思いや感想」の文末表現は「〜と思う。」や「〜だろう。」などの形になっていることが多いよ。

学習日　月　日

次の随筆を文末に注意しながら読んで、「事実」と「思いや感想」を読み分けてみましょう。

若《わか》い時分に、外国の船乗りのはなしを読んだことがある。航海がまだ星の位置や*羅針盤《らしんばん》に頼《たよ》っていた時代のことなのだが、その船乗りは、少年の頃《ころ》の思い出をよく仲間に話して聞かせた。

故郷《こきょう》の町の八百屋《やおや》と魚屋の間に、一軒《いっけん》の小さな店があった。俺《おれ》はそこで、外国の地図や布やガラス細工をさわって一日遊んだものさ……。

長い航海を終えて船乗りは久しぶりに故郷へ帰り、その店を訪《おとず》れた。ところが八百屋と魚屋の間に店はなく、ただ子供《こども》が一人腰《こし》をおろせるだけの小さいすきまがあいていた、というのである。（中略）

思い出はあまりムキになって確かめないほうがいい。何十年もかかって、なつかしさと期待で大きくふくらませた風船を、自分の手でパチンと割《わ》ってしまうのはもったいないのではないか。

（向田邦子《むこうだくにこ》「昔カレー」『父の詫《わ》び状《じょう》』〈文春文庫〉より。一部略）

＊羅針盤……方角を知るための器械。

事実（本で読んだ内容）

思いや感想

〰〰は、「思いや感想」を表す文末。

基本練習

答えは別冊《べっさつ》8ページ　できなかった問題は、復習しよう。

次の文章を読んで、下の問いに答えましょう。

わたしは、初めて「わたし」を見付けたのである。それまでは、群れの中に交じって、あるいは、母や友人のかげにかくれて見えなかった「わたし」を、わたしは、はっと、「あっ、わたしという人間がこの世に一人いるのだ。」というような感じで、見付け出したのである。それは、なんとも①不思議な体験であった。（中略）

わたしが見付け出した「わたし」は、いったいこれからどうなっていくのだろう。どうしてか分からないが、ともかく、この世に生きることになった「わたし」というものを、かけがえのないものとして、それまで何も気付かずにいたときよりも、もっと大切に見守ってやりたいと思うようになる。変な言い方かもしれないが、わたしが見付けたこの「わたし」を、大切にしていくいちばん大きい責任が、わたしにあるのではなかろうか。

「わたし」を大切に思うと、それまでは当たり前のように感じていた、「わたし」に対するほかの人々の心づかいなどが、前よりよく分かるようになってくる。（中略）「わたし」を大切にし、「わたし」とはいったいだれで、どんなことをするのだろうなどと考えているうちに、それを通じて、「わたし」を取り巻《ま》く多くのものに対して、わたしの心が開かれ、②それらを大切にしたいと思うようになるのである。

（河合隼雄《かわいはやお》『「わたし」とはだれか』『光村ライブラリー第十七巻《かん》』〈光村図書出版〉より。一部略）

(1) この文章にくり返し出てくる言葉（キーワード）を、文章中から五字で書きぬきましょう。（句読点やかぎも一字と数えます。）

(2) ――線①「不思議な体験」とありますが、どんな体験ですか。次から適切なものを一つ選び、記号を○で囲みましょう。

ア 自分自身の将来《しょうらい》を見つけ出した体験。

イ 自分自身の責任を初めて感じた体験。

ウ 自分自身の存在を初めて見付けた体験。

(3) ――線部②「それら」が指している言葉を、文章中から十五字で書きぬきましょう。（句読点やかぎも一字と数えます。）

復習テスト 5

⑤章 随筆《ずいひつ》

答えは別冊《べっさつ》13ページ

学習日　月　日　　得点　／100点

次の文章を読んで、後の問いに答えましょう。

わたしのところにも、父親のすすめる学校に行くのはいやだから家出したいとか、高校の娘《むすめ》が化粧《けしょう》のことで注意したら、ろくに口もきかなくなったというような手紙がきている。こんな状態を、世では親子の断絶というのだろう。

なぜ、このような断絶がくるのか。断絶などという言葉をつかうと、事は深刻《しんこく》に見えてくる。だが、ありきたりの言葉でいえばお互《たが》いの①「わがまま」なのだ。わたしは以上の話をきいて、要するに「わがまま」な話だと思った。

「わがまま」というのは、身近なものの間にほど現れる現象である。他人同士だと、相手の話をよく聞こうとする姿勢《しせい》があり、相手の身になって、相手を傷《きず》つけないようにと心を配るが、②親子や、きょうだい、夫婦《ふうふ》などには、つい「わがまま」が出てしまう。

「わがまま」とは何か。我《われ》のまま、我の思うままにふるまうこと、つまり、自己《じこ》中心に、ふるまうことだ。この世のいざこざは、この自己中心が原因なのだ。

「受容」という言葉がある。受け入れるという意味だが、断絶、わがままは、相手を受け入れない姿勢なのだ。

親子にしろ、夫婦にしろ、毎日生活して、同じ家に、同じ食物を食べて生きていると、つい相手を自分と同一の人間であるかのように錯覚《さっかく》してしまう。特に親は子どもを、自分の血肉をわけた者として、文字通り自分の分身だと思いこんでいる。

何の問題もない時は、自分に顔が似ていたり、同じ食物が好きだったり、似た性格だったりする相手は、たしかに分身に思われ、一体感を感じさせる好ましい存在《そんざい》なのだ。

ところが、*1一朝《いっちょう》、恋愛《れんあい》問題や、進学問題など、どうしてもはっきりとした態度を取らねばならぬ事態に直面し、意見が異《こと》なると、たちまち、③お互いの態度は*2硬化《こうか》する。「□」の精神が欠けているのだ。だから、相手を絶対に受け入れない。

（三浦綾子《みうらあやこ》「あさっての風」〈KADOKAWA〉より）

*1一朝……一度。いったん。

*2硬化……意見や態度が強くがんこになること。

(1) ——線部①「わがまま」がもとで起こることは、何ですか。文章中から二字で書きぬきましょう。【20点】

(2) ——線部②「親子や、きょうだい、夫婦などには、つい『わがまま』が出てしまう」とありますが、それはなぜですか。文章中から二十八字で探《さが》し、「〜から。」に続くように、初めと終わりの五字を書きぬきましょう。【20点】

・□□□□□〜□□□□□から。

(3) 筆者は「わがまま」とは何だと述べていますか。次の□に当てはまる言葉を、文章中から四字で書きぬきましょう。【20点】

・□□□□にふるまうこと。

(4) ——線部③「お互いの態度は硬化する」とありますが、どういうことですか。適切なものを次から一つ選び、記号で答えましょう。【20点】

ア お互いに相手の意見を受け入れず、自分の意見を強く主張するようになること。

イ お互いに相手に自分をわかってもらおうと思って、くわしく説明をするようになること。

ウ お互いに自分の悪いところを反省して、相手の気持ちを考えるようになること。

〔　〕

(5) □に当てはまる言葉を、文章中から二字で書きぬきましょう。【20点】

26 詩とは？

学習日 月 日

★詩を読む

詩とは、生活の中で感じたことや、美しい風景を見た感動などを、短く、リズムのある言葉で表現したものです。

1 詩の組み立て（構成）

① **行分け（行がえ）**

短い言葉で区切り、行をかえることで、情景の変化や感動を表します。

② **連**

詩の内容をまとまりに分けたものを連といいます。ふつう、連と連の間は、一行あけます。

紙風船　黒田三郎《くろださぶろう》

落ちて来たら
今度は
もっと高く
もっともっと高く
何度でも
打ち上げよう
（第1連）

美しい
願いごとのように
（第2連）

（「黒田三郎詩集　支度《したく》」〈岩崎書店〉より）

2 詩の読み方と味わい方

① **情景をとらえる**

どんな様子や出来事がうたわれているのかをとらえます。

次の「雲」という詩の情景をとらえてみましょう。

雲　山村暮鳥《やまむらぼちょう》

おうい　雲よ
ゆうゆうと
馬鹿《ばか》にのんきそうじゃないか
どこまでゆくんだ
ずっと
＊磐城平《いわきだいら》の方までゆくんか

（「山村暮鳥詩集　おうい　雲よ」〈岩崎書店〉より）

＊磐城平……福島《ふくしま》県の地名。

読み取れる情景

・天気のよい日。
・雲がゆっくり動いている。
・遠くには磐城平がある。

② **作者の感動の中心をとらえる**

言葉の意味や情景を手がかりにして、作者が何に心を動かされてその詩を作ったのかをとらえましょう。

基本練習

次の詩を読んで、下の問いに答えましょう。

答えは別冊《べっさつ》8ページ　できなかった問題は、復習しよう。

船

山之口《やまのくち》　貘《ばく》

文明諸君《しょくん》
地球ののっかる
船をひとつ
なんとか発明出来ないことはないだろう
＊すったもんだのこの世の中から
地球をどこかへ
さらって行きたいじゃないか

（「山之口貘詩集　鮪《まぐろ》に鰯《いわし》」〈原書房〉より）

＊すったもんだ……もめごと

(1)　この詩はいくつの連からできていますか。適切なものを次から一つ選び、記号を○で囲みましょう。

ア　一連
イ　二連
ウ　三連

(2)　――線部「さらって行きたい」とありますが、作者は、地球をどういう所へさらって行きたいと思っていますか。次の〔　〕に当てはまる言葉を、詩の中から書きぬきましょう。

・〔　　　　　〕のない所。

(3)　作者はこの詩を作った時、どういう気持ちだったと考えられますか。適切なものを次から一つ選び、記号を○で囲みましょう。

ア　地球が乗る船でさえ、いつか文明は造ってしまうだろうという気持ち。
イ　宇宙《うちゅう》には地球よりもすばらしい星があるにちがいないという気持ち。
ウ　いろいろな社会問題に心を痛《いた》めていて、もっと暮《く》らしやすい地球を求める気持ち。

27 詩の表現の工夫《くふう》を読み取ろう

学習日　月　日

★詩の表現の工夫《くふう》

詩では、情景や感動を短い言葉で効果的に表すために、さまざまな**表現技法**が使われています。表現技法が使われている部分に、作者の感動がこめられていることが多いです。

● おもな表現技法

① **呼《よ》びかけ**…人やものに呼びかけて、親しみの気持ちを表します。

例 おうい鳥たちよ

② **たとえ（比喩《ひゆ》）**…あるものを他のものにたとえて、印象を強めます。

例 綿がしのような雲がうかんでいる

③ **擬人法《ぎじんほう》**…人でないものを人に見立てて表現し、生き生きとした印象をもたせます。（たとえの一つです。）

例 空が泣いている

「空が泣いている」は、雨が降《ふ》っている様子を表しているんだね。

④ **反復法（くり返し）**…同じ言葉や行をくり返して、リズムを整えたり、強調したりします。

例 大漁だ　大漁だ

⑤ **対句《ついく》**…対照的な言葉を並《なら》べて、リズムを整えたり、強調したりします。

例 青い海では魚が泳ぎ
緑の森では鳥が鳴く

「青」↔「緑」、「海」↔「森」、
「魚」↔「鳥」、「泳ぎ」↔「鳴く」が対。

⑥ **省略法**…言葉を省いて、印象を強めます。

例 遠くを見つめながら――。

「――」の部分の言葉が省かれている。

⑦ **体言止め（名詞《めいし》止め）**…行の終わりを名詞（物の名前を表す言葉）で止めて、印象を強めます。

例 夜空にかがやく一番星

⑧ **倒置法《とうちほう》**…言葉の順を逆にして、印象を強めます。

例 君は行ってしまった　手をふりながら

ふつうは、「君は手をふりながら　行ってしまった」の順。

基本練習

答えは別冊《べっさつ》8ページ　できなかった問題は、復習しよう。

次の詩を読んで、下の問いに答えましょう。

雪の朝

草野心平《くさのしんぺい》

まぶしい雪のはねっかえし。
青い。
①キララ子たちははしゃいで。
跳《と》びあがったりもぐったりしての鬼《おに》ごっこだ。
ああ。
まぶしい光《ひか》りのはねっかえし。
自分の額にもキララ子は映《うつ》り。
②うれしい。
空はグーンとまえに乗りだし。
天の天まで見え透《す》くようだ。

（「日本語を味わう名詩入門12　草野心平」〈あすなろ書房〉より）

---

(1) この詩は、いくつの連からできていますか。漢数字で答えましょう。

〔　　　〕連

(2) ――線部①「キララ子たちははしゃいで。」について、次のⒶ・Ⓑの問いに答えましょう。

Ⓐ「キララ子」とは、何ですか。適切なものを次から一つ選び、記号を○で囲みましょう。

ア 雪ではねかえった日の光。
イ 雪の中を遊び回る子供《こども》たち。
ウ きらきらとかがやいて降《ふ》る雪。

Ⓑ このように、人でないものを人に見立てて表現する技法を何といいますか。次から一つ選び、記号を○で囲みましょう。

ア 呼びかけ
イ 擬人法《ぎじんほう》
ウ 倒置法《とうちほう》

(3) ――線部②「うれしい。」は、だれの気持ちですか。考えて書きましょう。

〔　　　〕

28 短歌を作ってみよう

学習日　月　日

★短歌とは

風景や心に感じたことなどを、五・七・五・七・七の三十一音でえがいた詩を**短歌**といいます。

1 短歌の形式

五音	七音	五音	七音	七音
（第一句）初句《しょく》	第二句	第三句	第四句	（第五句）結句《けっく》
上《かみ》の句			下《しも》の句	

例　街をゆき（初句）　子どものそばを（第二句）　通るとき（第三句）　みかんの香《か》せり（第四句）　冬がまた来る（結句）　木下利玄《きのしたりげん》

合計の音数が三十一音よりも多いものを**字余《じあま》り**、少ないものを**字足《じた》らず**といいます。

2 音数の数え方

ひらがな一字を一音と数えるのが基本です。その他、次の①～③をおさえておきましょう。

① 小さい「っ」も一音と数えます。
例　ゆっくり→四音　ヨット→三音

② のばす音も一音と数える。
例　おかあさん→五音　スポーツ→四音

③ 小さい「ゃ・ゅ・ょ」は、二字で一音と数えます。
例　茶わん（ちゃわん）→三音　今日（きょう）→二音

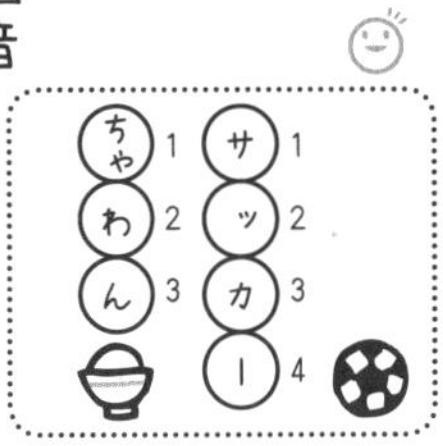

3 短歌を作る手順（例）

① どんな場面、どんな出来事を短歌にするのかを決める。
② 決めた場面を思いうかべ、見えるもの、聞こえる音、自分の気持ちなどを書き出す。
③ ②をもとにして、五・七・五・七・七の形にする。

初めは、すでにある短歌の上の句を借りて、下の句だけを自分で作るのもよいでしょう。

基本練習

答えは別冊《べっさつ》8ページ　できなかった問題は、復習しよう。

1 次の短歌を読んで、後の問いに答えましょう。

金色《こんじき》の小さき鳥のかたちしていちょう散るなり夕日の丘《おか》に
与謝野晶子《よさのあきこ》

(1) この短歌の音数は、全部で何音ですか。漢数字で答えましょう。

〔　　〕音

(2) この短歌にえがかれているのは、一日のうちのいつのことですか。答えましょう。

〔　　〕

(3) この短歌は、どんな色をとらえて作られていますか。適切なものを次から一つ選び、記号を○で囲みましょう。

ア　金色・緑
イ　金色・赤
ウ　緑・赤・白

2 次の短歌を読んで、後の問いに答えましょう。

石がけ＊に子ども七人こしかけてふぐをつりおり夕焼け小焼け
北原白秋《きたはらはくしゅう》

＊石がけ……ここでは、海岸のてい防のこと。

(1) この短歌から感じられる様子として適切なものを、次から一つ選び、記号を○で囲みましょう。

ア　ほのぼのとした様子。
イ　静まりかえった様子。
ウ　きらびやかな様子。

(2) この短歌の上《かみ》の句を借りて、下《しも》の句（七音・七音）を自分で考え、新しい短歌を作ってみましょう。季節や時間帯は自由とします。（もとの短歌と同じように「石がけ」とは、海岸のてい防のこととします。）

石がけに子ども七人こしかけて

〔　　〕

29 俳句《はいく》を作ってみよう

学習日 月 日

★俳句《はいく》とは

風景や心に感じたことなどを、季語（季節を表す言葉）を入れて、**五・七・五の十七音**でえがいた詩を**俳句**といいます。

❶ 俳句の形式

① **音数** 音数の数え方は、短歌と同じです。（→70ページ）

五音	七音	五音

例 **柿《かき》食えば　鐘《かね》が鳴るなり　法隆寺《ほうりゅうじ》**　正岡子規《まさおかしき》

初句　第二句　結句

俳句は、「一句《いっく》」「二句《にく》」と数えるよ。

② **季語**…季節を表す言葉である**季語**を、**一句に一つ**入れるのが原則です。

例 花見（春）、夕立（夏）、栗《くり》（秋）、雪（冬）

③ **切れ字**…「**や・かな・けり**」などの**切れ字**を入れて、感動を強調したり、意味の切れ目を示したりします。

例 **閑《しず》かさや岩にしみ入る蝉《せみ》の声**　松尾芭蕉《まつおばしょう》

切れ字の「や」の後で、意味やリズムがいったん切れる。

❷ 俳句を作る手順の例

① どんな場面や出来事を俳句にするのかを決める。

例 花火大会を家族と見に行った時のこと。

② 場面を思いうかべ、見えるもの、聞こえる音などを書き出す。このとき、季語として使う言葉を決める。

例 花火　夜空　たきみたい
黄金《おうごん》　光　見物人のかん声

← **季語** 花火

③ ②で書き出した言葉をもとにして、季語を入れて、五・七・五の形にする。

例 黄金のたきの花火に声上がる

俳句を作るときは、「きれいだな」「楽しいね」などの、気持ちを直接表す言葉を使わないほうがよい俳句ができるよ。

答えは別冊《べっさつ》9ページ　できなかった問題は、復習しよう。

1 次の俳句《はいく》を読んで、後の問いに答えましょう。

Ⓐ 菜の花や月は東に日は西に　与謝蕪村《よさぶそん》

Ⓑ 赤とんぼ＊筑波《つくば》に雲もなかりけり　正岡子規《まさおかしき》

Ⓒ こがらしや海に夕日を吹《ふ》き落とす　夏目漱石《なつめそうせき》

＊筑波……茨城県《いばらきけん》にある筑波山《つくばさん》のこと。

(1) Ⓐの俳句にえがかれているのは、一日のうちのいつの情景ですか。適切なものを次から一つ選び、記号を○で囲みましょう。

ア 明け方　イ 正午　ウ 夕方

(2) Ⓐの俳句の季語と季節を示した例にならって、ⒷとⒸの俳句の季語と季節を書きましょう。

例 Ⓐの俳句　季語〔菜の花〕　季節〔春〕

Ⓑの俳句　季語〔　　〕　季節〔　　〕

Ⓒの俳句　季語〔　　〕　季節〔　　〕

2 次の(1)・(2)の順番で、俳句を一句作ってみましょう。

(1) ひまわりがさいている様子を思いうかべてみましょう。そして、思いうかんだ言葉を、「ひまわり」以外に四つ書きましょう。

〔ひまわり〕

〔　　〕〔　　〕

〔　　〕〔　　〕

(2) (1)で挙げた言葉をもとにして、ひまわりがさいている様子を、季語の「ひまわり」を入れて、五・七・五の音数で俳句を作りましょう。

例 ひまわりが空に向かって背比《せいくら》べ

〔　　〕

復習テスト 6

6章 詩・短歌・俳句

答えは別冊《べっさつ》13ページ

学習日　月　日　得点　／100点

1 次の詩を読んで、後の問いに答えましょう。

支度《したく》　黒田三郎《くろださぶろう》

何の匂《にお》いでしょう
これは

これは
春の匂い
真新しい着地《きじ》＊1の匂い
真新しい革《かわ》の匂い
新しいものの
新しい匂い

匂いのなかに
希望も
夢も
幸福も
うっとりと
浮《うか》んでいるようです

ごったがえす
＊2人いきれのなかで
だけどちょっぴり
気がかりです
心の支度は
どうでしょう
もうできましたか

（「黒田三郎詩集　支度」〈岩崎書店〉より）

＊1着地……衣服の材料になる布。「生地《きじ》」と同じ。
＊2人いきれ……人が大勢集まり、熱気が立ちこめること。

(1) ――線部「新しい匂い」の正体を、対句《ついく》で表現している部分を、二行で書きぬきましょう。【20点】

〔　　　　〕

(2) ――線部「新しい匂い」に、作者は何を感じ取っていますか。詩の中から三つ書きぬきましょう。【各4点　12点】

〔　　〕〔　　〕〔　　〕

(3) 第四連からは、作者のどんな心情が読み取れますか。適切なものを次から一つ選び、記号で答えましょう。【20点】

ア 興奮《こうふん》する心をしずめ、一日も早く心の支度を始めさせなければならないとあせる気持ち。

イ 新しい生活への不安を感じ取り、しっかりした心構えを教えてやろうという気持ち。

ウ 旅立ちを祝福するとともに、心の支度が大切ですよとやさしくはげましたい気持ち。

〔　　〕

2　短歌について、次の問いに答えましょう。

(1)　短歌は、何音からできていますか。次の□に当てはまる数字を漢数字で書きましょう。【完答8点】

□・□・□・□・□の三十一音。

(2)　次の短歌を読んで、①・②の問いに答えましょう。

ひまわりは金の油を身にあびてゆらりと高し日のちいささよ　前田夕暮《まえだゆうぐれ》

①　右の短歌の上の句と下の句をそれぞれ書きぬきましょう。【完答8点】

上の句〔　　　〕

下の句〔　　　〕

②　――線部「日のちいささよ」とは、何に対して、日（太陽）が小さく感じられるのですか。短歌の中から書きぬきましょう。【8点】

〔　　　〕

3　次の俳句《はいく》の〔　〕には、生き物を表す言葉が入ります。当てはまる言葉を□から選んで、書き入れましょう。【各6点　計24点】

(1)　古池《ふるいけ》や〔　　　〕とびこむ水の音　松尾芭蕉《まつおばしょう》

(2)　やれ打つな〔　　　〕が手をすり足をする　小林一茶《こばやしいっさ》

(3)　〔　　　〕なげうつ闇《やみ》の深さかな　高浜虚子《たかはまきょし》

(4)　たたかれて昼の〔　　　〕をはく木魚《もくぎょ》かな　夏目漱石《なつめそうせき》

か　はえ　かわず　こがね虫

30 組み立てを考えて書こう

学習日　月　日

まず、作文の書き方のおおまかな流れをつかみましょう。

★組み立てを考えながら作文を書いてみよう

1 作文を書くときの流れ

前もって、書く事がらや組み立てを整理しておきます。

① 何について書くか（題材）を決める。
例 クラス対こう駅伝大会に出たこと。

⇐

② 最も書きたいことや伝えたいこと（主題）を決める。
例 たすきをつなぐことができた満足感。

⇐

③ 文章の組み立てを考えて、「組み立てメモ」を書く。

⇐

④ 文章を書く。

⇓

⑤ 文章を読み直して、内容や表記を直す。

⇓

⑥ 清書する。

2 作文の組み立て（構成）を考える

「組み立てメモ」は、次のように「初め」「中」「終わり」で組み立てるのが基本です。

初め…これから何を書こうとしているかを示す。
クラス対こうの駅伝大会のメンバーに選ばれたが、あまり自信がなかった。

中…自分が見聞きしたことや感じたことなどを、くわしく、わかりやすく書く。
一人がとちゅうで走るのをやめると、チームが失格となる。
当日、走っている時におなかが痛《いた》くなったが、歯をくいしばり、中けい地点まで走った。

終わり…自分が考えたことなどをまとめる。
自分も満足できたし、チームのみんなのためにもがんばれてよかった。

基本練習

答えは別冊《べっさつ》9ページ　できなかった問題は、復習しよう。

1 作文を書くときの順番になるように、（　）に番号を書きましょう。

（　）文章の組み立てを考えて、「組み立てメモ」を書く。
（　）文章を読み直して、内容や表記を直す。
（　）清書する。
（　）何について書くか（題材）を決める。
（　）文章（作文）を書く。
（　）最も書きたいことや伝えたいこと（主題）を決める。

2 次のア・イは、ある作文の題材と主題です。題材に当たるのはどちらですか。記号を○で囲みましょう。

ア　夏休みに、二十五メートル泳げるようになったこと。
イ　できなかったことができるようになった達成感。

3 次の【組み立てメモ】で作文を書く場合、（　）①～④に当てはまる言葉を、後の　　からそれぞれ選び、書き入れましょう。

【組み立てメモ】

初め	日曜日に、川原の①（　　）に参加した。
②（　　）	③（　　）たくさんのごみに交じって、こわれた（　　）も捨《す》ててあり、とてもおどろいた。
終わり	ごみは、④（　　）に捨てなければいけないと思った。

テレビ　決まった場所　出来事
まとめ　清そう活動　中

31 わかりやすく伝わるように書こう

学習日　月　日

★わかりやすい作文の書き方

作文を書くときに気をつけることを身につけましょう。

① 文末の形をそろえよう

読んだり書いたりする文章の文末の形には、次の二種類があります。

常体《じょうたい》（きびきびとした感じ）…文末が、「〜だ。」「〜である。」「〜だろう。」「〜ない。」「〜よう。」など。

敬体《けいたい》（ていねいな感じ）…文末が、「〜です。」「〜ます。」「〜でしょう。」「〜ません。」「〜ましょう。」など。

一つの文章の中では、常体と敬体を交ぜないで書きます。

文末の形をどちらにするかは、文章の内容や、どんな人が読み手となるかを考えて決めましょう。

常体と敬体が交ざっていると、読みにくい文章になるよ。

② 文末の言い方を区別しよう

事実、感想や意見、伝え聞いたこと（人から聞いたり、ニュースなどから知ったりしたこと）を区別して書きます。

事実の文末 ⇒「〜です。」「〜でした。」「〜ます。」「〜ました。」など。

感想や意見の文末 ⇒「〜と思います。」「〜と考えます。」「〜ではないでしょうか。」など。

伝え聞いたことの文末 ⇒「〜ということです。」「〜だそうです。」など。

③ わかりやすい文章にするための注意点

- 出来事や体験を並《なら》べるだけにならないようにする。
- 一文が長くなりすぎないようにする。
- 感想などが「うれしかった。」「きれいだった。」のように、単純《たんじゅん》な表現だけにならないようにする。

答えは別冊《べっさつ》9ページ できなかった問題は、復習しよう。

1 例のように、次の文の――線部を直して、敬体《けいたい》の文にしましょう。

例 今日は、日曜日だ。〔日曜日です〕

(1) 母は、毎朝六時に起きる。〔　　〕

(2) 運動場を十周走った。〔　　〕

(3) 弟は逆上がりができない。〔　　〕

2 次の作文の――線部を、伝え聞いたことを表す言い方に直して書きましょう。

昨日、ぼくの家の冷蔵庫《れいぞうこ》がこわれました。父の話では、この冷蔵庫はぼくが生まれるだいぶ前から使っていました。だから、ずいぶん長持ちしたほうだと思います。

〔　　〕

3 次の作文を、二か所の＜の部分までを一文として、適当な言葉を補《おぎな》ってわかりやすい文章に書き直しましょう。（作文の内容は、変えずに書きましょう。）

歩いていると、田中《たなか》君が公園から出てきて、＜「遊ぼうよ。」と言ったので、ぼくは「今日は用事があるんだ。」と答えると、＜田中君は「残念だなあ。」と言いました。

32 表現を工夫《くふう》して書こう

作文の表現の工夫

学習日　月　日

★表現を工夫《くふう》した作文

文章をわかりやすくし、**読み手の興味を引きつけるように**、いろいろな表現を工夫してみましょう。

1 書き出しを工夫する

読み手に疑問《ぎもん》を投げかけたり、どんな出来事があったのだろうと興味を引いたりすることができます。

例 ・かっぱの伝説を知っていますか。
・今年の正月の出来事を、ぼくは忘《わす》れないだろう。

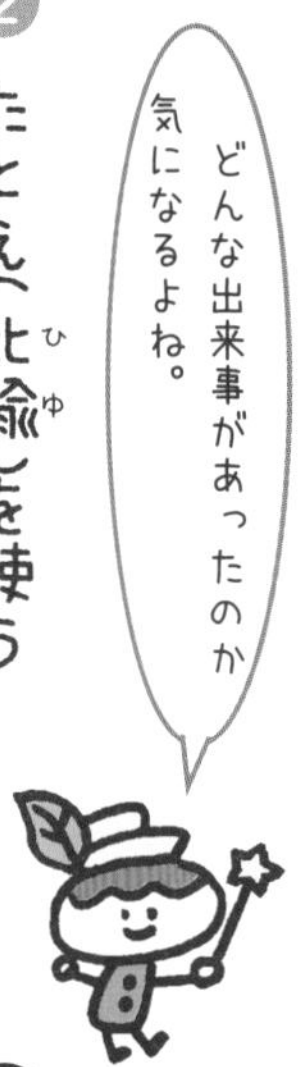
どんな出来事があったのか気になるよね。

2 たとえ（比喩《ひゆ》）を使う

読み手に強い印象をあたえます。

例 山の上から、田畑がジグソーパズルのように見えました。

3 例を挙げる

読んだときに、内容をイメージしやすくなります。

例 父は、なしや、びわなど、昔から日本にある果物《くだもの》が好きです。

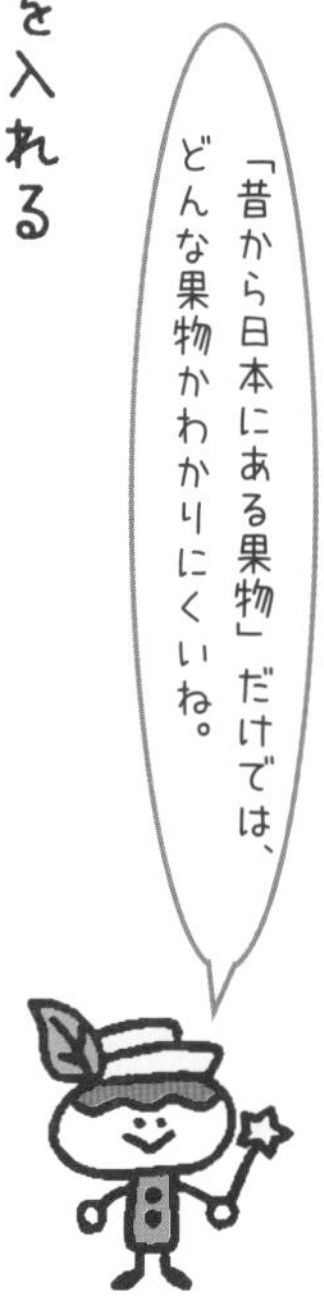
「昔から日本にある果物」だけでは、どんな果物かわかりにくいね。

4 会話文を入れる

場面の様子が伝わり、文章がいきいきとします。

例 「まだ食べちゃだめなの。」
妹は、がまんできないという様子で母にうったえた。
「だめだめ、もっと焼いてから。」

5 最後に見直して、よりよくする

書き終わった文章は必ず読み返し、字や言葉づかいのまちがいがあれば直します。また、読み手にわかりづらく、言いたいことが伝わりにくい部分があれば書きかえます。

基本練習

答えは別冊《べっさつ》9ページ できなかった問題は、復習しよう。

1 次の文章の中に、読み手の興味を引きつけるために印象的な書き方をしている一文があります。その一文を書きぬきましょう。

昨日の夕方、私《わたし》たちが住む町に、台風が最も近づいた。外に出てみると、雨が下からも降《ふ》ってきた。強風で、自転車が何台もたおれていた。私は、早く台風が通り過ぎてほしいと思いながら、天気予報ばかり気にしていた。

〔　　　　〕

2 次の文を、【　　】の言葉を使って、「〜が、〜する様子は、まるで〜のように見えました。」という文に書き直しましょう。

園児たちが、先生の後ろに続いて散歩をしていました。

【カルガモのひなの行列】

〔　　　　〕

3 次の文章を読んで、後の問いに答えましょう。

今日は、地域《ちいき》のお年寄りを学校に招きました。そして、わらを使ったぞうりの作り方を教えてもらった。お年寄りのみなさんは、とても器要でした。話をうかがうと、「小さいころに身についたことは、忘《わす》れないね。」と笑って答えてくださいました。

(1) 文章中で、まちがった使い方をしている漢字を一字書きぬき、正しい漢字を書きましょう。

〔　〕→〔　〕

(2) ——線部を、正しい文末表現に書き直しましょう。

〔　　　　〕

(3) 最後の□に当てはまる文として適切なものを次から一つ選び、記号を○で囲みましょう。

ア 私は習っているピアノをやめようと思いました。

イ 私もピアノの練習をもっとがんばろうと思いました。

ウ 私はピアノがなかなか上達しません。

33 自分の意見を書こう

話し合いをもとにした意見の書き方

学習日 月 日

★話し合いを通して自分の意見を深めよう

● 自分の考えを発表しよう

題材について、自分の体験を思い出して発表しましょう。

例 題材…まんがについて。
体験…まんがを読んでいると、母にしかられる。
意見…勉強に役立つまんがもたくさんある。

● 自分の意見を書いてみよう

話し合いを通して深めた自分の意見を書いてみましょう。

〔意見を書くときのポイント〕

① 自分の意見をはっきりさせて書く。

例
・～ではないでしょうか。
・～することが大切だと思います。

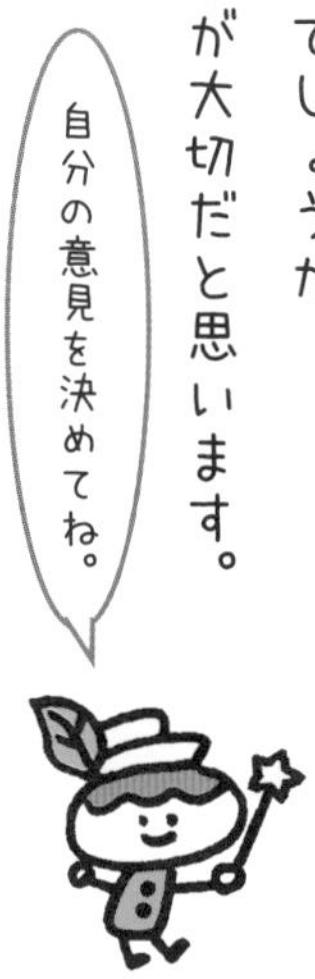
自分の意見を決めてね。

② 意見の根きょや具体例を示す。体験したことや、人から聞いたこと、自分で調べたことなどを根きょにして書く。

例
・運動会のリレーで私《わたし》が転んだとき、～でした。
・私が本で調べたことによると、～です。
・先生は、「……。」と言われました。

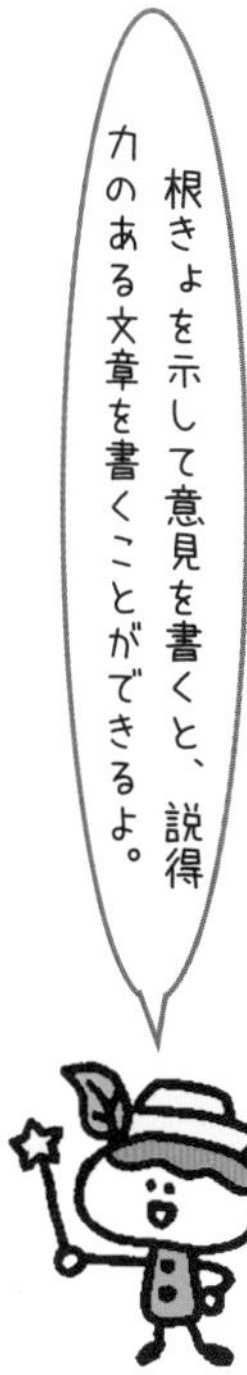
根きょを示して意見を書くと、説得力のある文章を書くことができるよ。

③ 話し合いでの他の人の意見と比べて書く。他の人の意見との共通点や相違点《そういてん》、疑問《ぎもん》に思ったことなどを書く。

例
・私の意見は、〇〇さんと同じ（反対）です。なぜなら、～だと思うからです。

④ わかりやすい文章にするために構成に注意する。自分の体験と意見などを区別して、適切に段落《だんらく》を分けて書く。

基本練習

答えは別冊《べっさつ》10ページ
できなかった問題は、復習しよう。

次は、「新しい言葉と古い言葉」というテーマでの話し合いです。読んで、下の問いに答えましょう。

けんた「大人の言葉で、意味がわからなかったことはない？」
さやか「あ、あるある。おじいちゃんが『さじ取って』って言ったとき、スプーンのことだとわからなかった。」
なつき「他にもあるよね。『ちり紙』などもわからない。」
ひろき「でも、反対に、ぼくたちが使っている言葉で、お年寄りにわからない言葉もあると思うよ。」
のぞみ「それはそうね。そういうのってとても不便だと思うな。どちらかに決めればいいのに。」
かんな「自然に新しい言葉になるんじゃない？」
たくや「でも、ぼくは、古い言葉も大切にして使えるようにしたいな。例えば『さじ』の意味がわからなければ『さじを投げる』などという言葉の意味もわからないし、おもしろくないじゃない。」

(1) さやかは、どんな体験をもとに意見を述べていますか。次の〔　〕に当てはまる言葉を文章中から書きぬきましょう。

・おじいちゃんに「〔　　　　　〕」と言われたとき、意味がわからなかったという体験。

(2) ひろきの発言の「ぼくたちが使っている言葉で、お年寄りにわからない言葉」の具体例を一つ、思い出して書いてみましょう。

〔　　　　　〕

(3) あなたは「新しい言葉と古い言葉」について、どう思いますか。あなたの意見を伝える文章を書いてみましょう。

〔　　　　　〕

復習テスト 7

⑦章 作文

答えは別冊《べっさつ》14ページ

学習日　月　日　得点　/100点

1 次の作文を読んで、後の問いに答えましょう。

「あれっ、田んぼがなくなって、家が建っている。」と、ぼくは思わずさけびました。それは、今年、祖父が住むいなかに行った時のことです。

祖父の家の前には、大きな田んぼがありました。ぼくは、毎年、八月の中ごろになると、祖父の家に一週間ほど遊びに行っていました。①その時期にはイネがのびていて、風がふくと大きな□のようにうねります。ぼくが大好きな風景でした。

その祖父の家に、去年は行けなかったので、二年ぶりに行きました。「またあの風景を見られるんだ。」と、むかえに来てくれた祖父と、家に向かって歩いていると、②予期しなかったことが……。何とも言えず、がっかりした気分になりました。祖父の話では、持ち主に事情があって、田んぼを売ってしまったということでした。

ぼくは、田んぼの風景に、安らぎを感じていたのだろうと思います。

(1) ――線部①「その時期」とありますが、いつのことですか。文章中から六字で書きぬきましょう。【10点】

□□□□□□

(2) □に当てはまる言葉を自分で考えて、漢字一字で書きましょう。【10点】

〔　　〕

(3) ――線部②「予期しなかったことが……」とありますが、それはどんなことですか。「〜こと。」という形で、文章中の言葉を使って書きましょう。【15点】

〔　　〕

(4) 伝え聞いたことが書かれている一文を文章中から探《さが》し、その初めの六字を書きぬきましょう。【10点】

□□□□□□

2

次の(1)〜(3)の順序にしたがって、作文を書きましょう。

(1) あなたが、この一年間に体験した出来事で、強く印象に残っていることを、三つ書き出してみましょう。【各5点 計15点】

例 書道コンクールで、金賞をとったこと。

A

B

C

(2) (1)に挙げた出来事で、作文に書きたいものの記号を書き、作文の読み手に伝えたいこと（主題）を、メモに書きましょう。【完答15点】

記号〔　〕

メモ

(3) (2)をもとにして、文の組み立て（「初め」「中」「終わり」）を考え、作文を書いてみましょう。【25点】

※書くらんが足りないときは、続きをノートに書きましょう。

34 古典とは？

学習日　月　日

★古典を読んでみよう

古典とは、昔作られて今も親しまれている作品のことです。読んで、かなづかいと意味を現代の言葉と比べてみましょう。

次の文章は、「浦島太郎《うらしまたろう》」のお話の最初の部分です。

昔、丹後国《たんごのくに》に、浦島といふ（う）者はべりしに、その子に浦島太郎と申して、年の齢《よはい》（わ）二十四、五のを（お）のこありけり。

現代の言葉で表したもの

昔、丹後の国に、浦島という人がいましたが、その人の子どもに、太郎といって、年が二十四か五の男がいました。

---

1 歴史的かなづかい

古典の中で使われているかなづかいを**歴史的かなづかい**といい、次のように読みます。

歴史的かなづかい	現代のかなづかい
いふ（言ふ）	いう
いへ（家）	いえ
には（庭）	にわ
こゑ（声）	こえ

「てふてふ」は何と読むかな？
「ちょうちょう」だよ。

2 言葉の意味

古典特有の言葉や、現代とは意味がちがう言葉があります。次のような言葉です。

例
いと→とても・たいそう
つとめて→早朝
かなし→いとしい・かわいい
めでたし→りっぱだ・すばらしい

いとかなし
とてもかわいい

答えは別冊《べっさつ》10ページ　できなかった問題は、復習しよう。

次の　の文章を読んで、下の問いに答えましょう。【場面の説明】や、【現代語の訳《やく》】も参考にしましょう。

【場面の説明】ねずみたちが、猫《ねこ》につかまらないために、猫が近づいてきたことに気づくにはどうしたらよいかを話し合っている。

古老のねずみ進み出《い》でまう《もう》しけるは、「詮《せん》ずるところ猫の首に、鈴《すず》を付けておきはべらば、やすく知りなん」と①いふ。皆々《みなみな》、「もつとも《もっとも》」と②同心す。「しからばこの内《うち》よりたれ出《い》でてか、猫の首に鈴を付け③たまはんや」といふ《う》に、上臈《じょうろう》ねずみより下《しも》ねずみに至《いた》るまで、「我《われ》付けん」といふ《う》者なし。これによつ《よっ》てそのたびの議定、事《こと》おわらで退散《たいさん》しぬ。

【現代語の訳】古老（昔の出来事や言い伝えなどをよく知っている老人）のねずみが進み出て申しあげたのには、「結局、猫の首に、鈴を付けておきますならば、簡単《かんたん》に気づくでしょう。」ということだった。みんな、「なるほど。」と賛成した。（あるねずみが）「それならば、この中からだれが出ていって、猫の首に鈴をお付けになるのですか。」と言うと、身分の高いねずみから身分の低いねずみに至るまで、「私《わたし》が付けよう。」と言う者はなかった。これによって、その時の話し合いは、まとまらずに解散となった。

（「ねずみども談合の事」『伊曾保《いそほ》物語』より）

(1) ――線部①「いふ」、③「たまはんや」を、それぞれ現代のかなづかいに直して書きましょう。

①［　　　］　③［　　　］

(2) ――線部②「同心す」の現代語の訳を、【現代語の訳】の中から書きぬきましょう。

［　　　］

(3) この文章から読み取れることとして適切なものを次から一つ選び、記号を○で囲みましょう。

ア　年をとった人に相談すると、どんなことも解決できる。

イ　よい考えだと思っても、実行するとなると難《むずか》しい。

ウ　発言する人が多いと、みんなの意見はまとまらない。

35 伝統芸能について知ろう

学習日　月　日

★伝統芸能の主な特ちょう

能《のう》

⇓ 約六百年前（室町《むろまち》時代）に完成した、歌と舞《まい》を中心とした芸能です。

- 舞台《ぶたい》の背景《はいけい》に松の木がえがかれた**能舞台**で演じられる。
- 主役（シテ）は**能面**《のうめん》をつける。他にツレなどのわき役が登場し、静かなしぐさで感情を表現する。

狂言《きょうげん》

⇓ 能と同じころに成立した、せりふと、身ぶり手ぶりを中心とした〝笑い〟の芸能です。

- 能舞台で演じられ、登場人物は主人の大名《だいみょう》などと、家来《けらい》の太郎冠者《たろうかじゃ》、山伏《やまぶし》、動物など。
- 喜びやいかりなどを、せりふのやり取りや動作で**こっけい**に演じる。

歌舞伎《かぶき》

⇓ 約四百年前（江戸《えど》時代）に始まった、歌とおどりと劇《げき》を組み合わせた芸能です。

- 舞台で演じる人は、全て男性。女性の役を演じる男性を**女形**《おんながた（おやま）》という。
- はなやかな衣しょうやけしょう、舞台の背景など、舞台全体が**美しい絵**のようになっている。

文楽《ぶんらく》

⇓ 音楽人形劇で、人形浄瑠璃《じょうるり》ともいいます。約三百年前（江戸時代）に非常に人気がありました。

- ばん奏の三味線《しゃみせん》と太夫《たゆう》（登場人物の言葉や場面の語りをする人）による**義太夫節**《ぎだゆうぶし》という音楽に合わせて演じられる。
- 人形一体を**三人**であやつる。人形の顔と右手を動かす人、左手を動かす人、両足を動かす人がいる。

基本練習

答えは別冊《べっさつ》10ページ　できなかった問題は、復習しよう。

1 次の説明と絵に合う芸能は、後のア～エのどれですか。記号で答えましょう。

(1) 役者の衣しょうやけしょうが、はなやかである。

〔　　〕

(2) こっけいにせりふをやり取りする。

〔　　〕

ア 能《のう》　イ 狂言《きょうげん》　ウ 歌舞伎《かぶき》　エ 文楽《ぶんらく》

2 次の絵に合う芸能は、後のア～エのどれですか。記号で答えましょう。

(1)

〔　　〕

(2)

〔　　〕

ア 能　イ 狂言　ウ 歌舞伎　エ 文楽

8章 伝統文化 古文の有名な作品の書き出し

36 リズムにのって声に出して読んでみよう

学習日 月 日

有名な日本の古典作品を声に出して読んでみましょう。また、【現代語の訳《やく》】の□①～⑤に入る言葉を、の文章中から書きぬきましょう。

※作品は、現代のかなづかいで書いてあります。
※答えは、左ページの下にあります。

竹取物語《たけとりものがたり》

◆日本で最も古い物語。「かぐや姫《ひめ》」の話として、とても有名。作者は不明。

今《いま》は昔《むかし》、竹取《たけとり》の翁《おきな》という者《もの》ありけり。野山《のやま》にまじりて、竹《たけ》を取《と》りつつ、よろずの事《こと》につかいけり。名《な》をばさぬきの造《みやつこ》となんいいける。その竹《たけ》の中《なか》に、本光《もとひか》る竹《たけ》なん一筋《ひとすじ》ありける。あやしがりて寄《よ》りて見《み》るに、筒《つつ》の中光《なかひか》りたり。

【現代語の訳】 今はもう昔のことだが、竹取のじいさんとよばれる人がいた。野や山に分け入って、 ① を取っては、いろいろな物を作るのに使用した。その名をさぬきの造といった。あるとき、竹の中に、根本の光る竹が一本あった。不思議に思って近づいて見ると、竹筒の中が光っていた。

枕草子《まくらのそうし》

◆日本で最も古い随筆集《ずいひつしゅう》。作者は**清少納言《せいしょうなごん》**。

春《はる》はあけぼの。ようよう白《しろ》くなりゆく山《やま》ぎわ、少《すこ》しあかりて、紫《むらさき》だちたる雲《くも》の細《ほそ》くたなびきたる。

【現代語の訳】 春は明け方がおもむきがある。しだいに白《しら》んでゆく山ぎわが、少し赤みをおびて、紫がかった ② が細くたなびいているありさまにおもしろみがある。

源氏物語《げんじものがたり》

◆はなやかな貴族《きぞく》社会を舞台《ぶたい》にくり広げられる物語。作者は**紫式部《むらさきしきぶ》**。

いずれのおおん時《とき》にか、*1女御《にょうご》、更衣《こうい》あまたさぶらいたまいけるなかに、いと、やんごとなききわにはあらぬが、すぐれてときめきたもうありけり。

【現代語の訳】 どの*2帝《みかど》の時であったか、女御や更衣がたくさんお仕えしておられた中に、それほど高い身分ではないが、たいそう帝のお気に入られていらっしゃる方があった。

*1女御、更衣……きさきの身分の名しょう。
*2帝……天皇《てんのう》。

方丈記《ほうじょうき》

筆者が体験した天災や世の中の混乱《こんらん》をえがいた随筆集《ずいひつしゅう》。作者は鴨長明《かものちょうめい》。

ゆく河《かわ》の流《なが》れは絶《た》えずして、しかも、もとの水《みず》にあらず。よどみに浮《う》かぶうたかたは、かつ消《き》え、かつ結《むす》びて、久《ひさ》しくとどまりたるためしなし。

【現代語の訳《やく》】流れゆく③□の流れは、絶えることがなく、それでいて今流れているその水は以前に流れていたもとの水ではない。流れの静かな所に浮かんでいる水のあわは、一方で消えたかと思うと、他方では新しくできて、長い間そのままの状態であるようなことはない。

徒然草《つれづれぐさ》

筆者が見聞きしたことを中心に、感想や教訓を述べた随筆集。作者は兼好法師《けんこうほうし》（吉田兼好《よしだけんこう》）。

つれづれなるままに、日暮《ひく》らし、すずりに向《む》かいて、心《こころ》にうつりゆくよしなしごとを、そこはかとなく書《か》きつくれば、あやしゅうこそものぐるおしけれ。

【現代語の訳】何もすることがなくてものさびしいので、一日中、（机の）④□に向かい筆をとり、心に浮《う》かんでくるとりとめもないことを、あれこれ書きつけていると、みょうに気持ちが高ぶって、何かにとりつかれたような気がしてくる。

奥《おく》の細道《ほそみち》

江戸《えど》を出発して、約六か月にわたって東北《とうほく》・北陸《ほくりく》を旅した俳諧《はいかい》紀行文。作者は松尾芭蕉《まつおばしょう》。

月日《つきひ》は百代《はくたい》の過客《かかく》にして、行《い》きかう年《とし》もまた旅人《たびびと》なり。舟《ふね》の上《うえ》に生涯《しょうがい》を浮《う》かべ、馬《うま》の口《くち》とらえて老《お》いをむかうる者《もの》は、日々《ひび》旅《たび》にして旅《たび》をすみかとす。古人《こじん》も多《おお》く旅《たび》に死《し》せるあり。予《よ》もいずれの年《とし》よりか、片雲《へんうん》の風《かぜ》にさそわれて、漂泊《ひょうはく》の思《おも》いやまず。

【現代語の訳】月日は永遠の旅人のようなものであり、来ては去る年もまた⑤□に似ている。舟の上で一生を暮《く》らす船頭《せんどう》や、馬のくつわを取って年をとっていく人などは、毎日が旅で旅そのものをすみかとしている。昔の人も旅のとちゅうで死んだ人が多い。私《わたし》もいつのころからか、ちぎれ雲のように風にさそわれて、さすらいの旅の思いがやまない。

すらすらとリズムにのって読めるように、何度も読んでみてね。
どれも、それぞれの作品の書き出しとして有名だよ。

①〜⑤の答え
① 竹
② 雲
③ 河
④ すずり
⑤ 旅人

巻《かん》末《まつ》資料

＊巻末資料には、6〜15ページで説明しきれなかった二字熟語《じゅくご》、四字熟語、類義語、同じ部分で同じ音《おん》の漢字、同じ訓の漢字をまとめています。

＊よく使うものが多いので、意味や使い方の例文を確認《かくにん》しましょう。

二字熟語の組み立て

P.6〜7で学習

1 反対(対《つい》)の意味の漢字の組み合わせ

熟語	意味	熟語	意味
遠近《えんきん》	遠い⇔近い	高低《こうてい》	高い⇔低い
開閉《かいへい》	開ける⇔閉める	前後《ぜんご》	前⇔後ろ
強弱《きょうじゃく》	強い⇔弱い	増減《ぞうげん》	増える⇔減る
苦楽《くらく》	苦しい⇔楽しい	多少《たしょう》	多い⇔少ない
縦横《じゅうおう》	縦《たて》⇔横	長短《ちょうたん》	長い⇔短い
勝敗《しょうはい》	勝つ⇔敗れる	明暗《めいあん》	明るい⇔暗い

2 似た意味の漢字の組み合わせ

熟語	意味	熟語	意味
森林《しんりん》	森＋林	思考《しこう》	思う＋考える
河川《かせん》	河＋川	尊敬《そんけい》	尊《とうと(たっと)》ぶ＋敬《うやま》う
寒冷《かんれい》	寒い＋冷たい	単独《たんどく》	どちらも「一つ」を表す。
救助《きゅうじょ》	救う＋助ける	道路《どうろ》	道＋路
起立《きりつ》	起きる＋立つ	表現《ひょうげん》	表す＋現す

3 上の漢字が下の漢字を説明するもの

熟語	意味	熟語	意味
愛犬《あいけん》	愛する犬	小鳥《ことり》	小さい鳥
駅前《えきまえ》	駅の前	深海《しんかい》	深い海
休日《きゅうじつ》	休みの日	新品《しんぴん》	新しい品
曲線《きょくせん》	曲がった線	水中《すいちゅう》	水の中
近所《きんじょ》	近い所	前列《ぜんれつ》	前の列
黒板《こくばん》	黒い板	低温《ていおん》	低い温度

4 下の漢字が「―を」「―に」に当たるもの

熟語	意味	熟語	意味
沿岸《えんがん》	海岸に沿《そ》う	退職《たいしょく》	職を退《しりぞ》く
開会《かいかい》	会を開く	着席《ちゃくせき》	席に着く
加熱《かねつ》	熱を加える	入店《にゅうてん》	店に入る
決心《けっしん》	心を決める	納税《のうぜい》	税を納《おさ》める
習字《しゅうじ》	字を習う	発車《はっしゃ》	車を発進する
乗船《じょうせん》	船に乗る	預金《よきん》	お金を預《あず》ける

P.8〜9で学習

四字熟語《じゅくご》

8〜9ページでは、四字熟語の組み立てを学習しました。ここでは、意味を問われやすい四字熟語について見てみましょう。（▼のついた文は、使い方の例です。）

意《い》気《き》投《とう》合《ごう》	おたがいの気持ちがぴったりと合うこと。 ▼クラスに転校してきた男子としゅみが同じで、その日のうちに**意気投合**した。
一《いっ》進《しん》一《いっ》退《たい》	状態がよくなったり悪くなったりすること。 ▼先日入院したおじさんの病状は、**一進一退**ということだ。
一《いっ》石《せき》二《に》鳥《ちょう》	一つのことをして、二つの利益を得ること。 ▼本屋に行ったら、目的の本があり、その後に会う予定の友達にも会えて、**一石二鳥**だった。
起《き》死《し》回《かい》生《せい》	もうだめだという危《あぶ》ない状態から盛《も》り返すこと。 ▼サッカーの試合で負けていたが、試合が終わる直前にユウキ君が**起死回生**の同点ゴールを決めた。
空《くう》前《ぜん》絶《ぜっ》後《ご》	たいへんめずらしいこと。 ▼私《わたし》たちの学校が、市のサッカー大会、野球大会、バレーボール大会の全部で優勝《ゆうしょう》するなんて、**空前絶後**のことだ。
言《ごん》語《ご》道《どう》断《だん》	あきれて言葉に言い表せないほどひどいこと。 ▼飼っていた金魚を、見あきたから川に放すなんて、**言語道断**だ。
自《じ》画《が》自《じ》賛《さん》	自分のことを自分でほめること。 ▼父は、日曜大工で作った収納箱《しゅうのうばこ》をながめながら、「職人わざだな。」と**自画自賛**していた。

十《じゅう》人《にん》十《と》色《いろ》	好ききらいや考え方は、人によってちがうということ。 ▼クラスの男子が好きなアイドルは、**十人十色**でそれぞれちがう。
絶《ぜっ》体《たい》絶《ぜつ》命《めい》	どうにもできないほど追いつめられた状態。 ▼夏休みの最終日になったが、宿題がたくさん残っていて、**絶体絶命**のピンチだ。
大《たい》器《き》晩《ばん》成《せい》	すぐれた人は、年をとってから立派《りっぱ》になること。 ▼私が好きな戦国武将《ぶしょう》は、**大器晩成**だった。
大《だい》同《どう》小《しょう》異《い》	細かいちがいはあるが、全体としてはほぼ同じであること。 ▼学級委員に立候補《りっこうほ》した二人の主張は、**大同小異**だ。
日《にっ》進《しん》月《げっ》歩《ぽ》	学問や技術などが、絶えず進歩すること。 ▼医学の研究は**日進月歩**で、多くの人の命が助かっている。
半《はん》信《しん》半《はん》疑《ぎ》	人の意見や情報を、本当かどうか信じきれないこと。 ▼友達のじまん話を**半信半疑**で聞く。
不《ふ》言《げん》実《じっ》行《こう》	するべきことを、だまって実行すること。 ▼努力家の父は、**不言実行**の人だ。
油《ゆ》断《だん》大《たい》敵《てき》	物事を軽くみて油断すると、失敗を招くこと。 ▼野球で大差でリードしていても何が起こるかわからないので、最後まで**油断大敵**だ。
臨《りん》機《き》応《おう》変《へん》	その場や時の変化に応じ、適切に対応すること。 ▼予想外のことが起こっても、**臨機応変**に行動することが大切だ。

P.10～11で学習

類義語

10～11ページでは、類義語について学習しました。いろいろな例を見てみましょう。

類義語	例文
安全	**安全**な場所に行く。
無事	**無事**に帰宅《きたく》する。
活用	辞書を**活用**して作文を書く。
利用	バスを**利用**して目的地へ行く。
完成	新しい校舎が**完成**する。
完結	長編小説が**完結**する。
興味	ロボットに**興味**をもつ。
関心	政治への**関心**が高まる。
手段《しゅだん》	目的のためには**手段**を選ばない。
方法	問題を解く**方法**を教わる。
順番	名前を呼《よ》ばれる**順番**を待つ。
順序	**順序**よく列に並《なら》ぶ。
準備	明日の遠足の**準備**をする。
用意	食事の**用意**をする。
心配	先生に**心配**をかける。
不安	**不安**な毎日を過ごす。
中心	話題の**中心**。
中央	公園の**中央**にふん水がある。
内容	手紙の**内容**を理解する。
中身	箱の**中身**を見る。
熱中	野球に**熱中**する。
夢中	**夢中**で物語を読む。
未来	明るい**未来**を想像する。
将来《しょうらい》	**将来**の夢を語る。

P.12～13で学習

同じ部分で同じ音《おん》の漢字

同じ部分をもち、音読みも同じ漢字の、いろいろな例を見てみましょう。

音	漢字	例
カ	果	**果**実・結**果**
	課	**課**題・日**課**
カ	可	**可**能・許**可**
	河	**河**口・**河**川《かせん》
シ	氏	**氏**族・**氏**名
	紙	表**紙**・和**紙**
ソウ	相	**相**談・**相**当
	想	**想**像・感**想**
セイ	青	**青**春・**青**年
	晴	**晴**天・快**晴**
	清	**清**潔・**清**算
	静	**静**止・安**静**
	精	**精**神・**精**密《せいみつ》
ソク	則	規**則**・校**則**
	側	**側**面・**側**近
	測	**測**定・計**測**
ヒョウ	票	**票**決・投**票**
	標	**標**識・目**標**

P.14〜15で学習

同じ訓の漢字

訓読みが同じでも、表す意味がちがう漢字の使い分け方を例文でつかみましょう。

（例文）

- 表《あらわ》す　気持ちを言葉で**表す**。
- 現す　月が姿《すがた》を**現す**。

- 上《あ》げる　料金を**上げる**。
- 挙げる　元気に手を**挙げる**。

- 居《い》る　母は台所に**居る**。
- 入る　新しい洋服を気に**入る**。
- 射《い》る　ねらった的を矢が**射る**。

- 負《お》う　責任を**負う**。
- 追う　警察官《けいさつかん》が犯人を**追う**。

- 下《お》りる　ステージの幕《まく》が**下りる**。
- 降《お》りる　電車から**降りる**。

- 織《お》る　きれいな布を**織る**。
- 折る　かれた木の枝を**折る**。

- 飼《か》う　ねこと犬を**飼う**。
- 買う　デパートでくつを**買う**。

- 変《か》わる　信号が青に**変わる**。
- 代わる　そうじ当番を**代わる**。

- 返《かえ》る　貸した本が**返る**。
- 帰る　寄り道をしないで**帰る**。

- 聞《き》く　人の話をよく**聞く**。
- 効く　薬がよく**効く**。

- 切《き》る　木を根元から**切る**。
- 着る　夏にゆかたを**着る**。

- 指《さ》す　南の方角を**指す**。
- 差す　午後から日の光が**差す**。

- 冷《さ》める　スープが**冷める**。
- 覚める　気持ちよく目が**覚める**。

- 住《す》む　寒い地方に**住む**。
- 済《す》む　宿題が**済む**。

- 供《そな》える　仏様に花を**供える**。
- 備える　大型の台風に**備える**。

- 立《た》つ　山の頂上《ちょうじょう》に**立つ**。
- 建つ　駅前に新しいビルが**建つ**。
- 絶つ　登山家が消息を**絶つ**。

- 作《つく》る　畑で野菜を**作る**。
- 造る　大きなタンカーを**造る**。

- 努《つと》める　勉強に**努める**。
- 勤める　会社に**勤める**。
- 務める　学級会の議長を**務める**。

- 解《と》く　難《むずか》しい問題を**解く**。
- 説く　読書の必要性を**説く**。

- 取《と》る　食器だなから皿を**取る**。
- 採る　かぶと虫を**採る**。

- 止《と》める　水の流れを**止める**。
- 留める　画びょうで絵を**留める**。

- 治《なお》す　薬を飲んでかぜを**治す**。
- 直す　こわれた自転車を**直す**。

- 上《のぼ》る　屋根に**上る**。
- 登る　木に**登る**。

- 経《へ》る　長い年月を**経る**。
- 減る　体重が**減る**。

- 交《ま》じる　ひらがなに漢字が**交じる**。
- 混じる　赤と白の絵の具が**混じる**。

- 円《まる》い　**円い**テーブルがある。
- 丸い　**丸い**石を見つける。

- 回《まわ》り　身の**回り**の片《かた》づけをする。
- 周り　池の**周り**を散歩する。

小6国語をひとつひとつわかりやすく。 改訂版

編集協力
㈱エイティエイト

カバーイラスト・シールイラスト
坂木浩子

本文イラスト
北村友紀、小島潮美

ブックデザイン
山口秀昭（Studio Flavor）

DTP
㈱明昌堂

データ管理コード：24-2031-1833（CC2019）

⑤

小6国語を
ひとつひとつわかりやすく。
［改訂版］

解《かい》答《とう》と解《かい》説《せつ》

軽くのりづけされているので，
外して使いましょう。

Gakken

01 二字熟語《じゅくご》の組み立てを知ろう

本文7ページ

1 (1) 天〔地〕 (2) 高〔低〕 (3) 遠〔近〕 (4) 明〔暗〕

2 (1) 森〔林〕 (2) 寒〔冷〕 (3) 道〔路〕 (4) 表〔現〕

3 (1) 水中〔水の中〕 (2) 深海〔深い海〕 (3) 親友〔親しい友〕 (4) 帰国〔国に帰る〕 (5) 開会〔会を開く〕 (6) 着席〔席に着く〕

4 (1) 小鳥〔○〕 (2) 近所〔○〕 (3) 加熱〔△〕 (4) 乗船〔△〕 (5) 新品〔○〕 (6) 決心〔△〕

解説

4 (1)は「小さい鳥」、(2)は「近い所」、(5)は「新しい品」となります。(3)は「熱を加える」、(4)は「船に乗る」、(6)は「心を決める」となります。

02 三字熟語《じゅくご》・四字熟語の組み立てを知ろう

本文9ページ

1 (1) 高ア学イ年〔ア〕 (2) 発ア表イ会〔イ〕

2 (1) 県大会〔魚市場〕 (2) 人気者〔日本語〕 (3) 市町村〔大中小〕

3 (1) 野球選手〔野球＋選手〕 (2) 春夏秋冬〔春＋夏＋秋＋冬〕 (3) 道路工事〔道路＋工事〕 (4) 都道府県〔都＋道＋府＋県〕 (5) 満員電車〔満員＋電車〕

解説

1 (1)「高い（上の）学年」、(2)「発表の会」のように言いかえてみると、熟語の組み立てがわかります。

03 類義語ってどんなもの？

本文11ページ

1 (1) 合意（同意） (2) 熱中（夢中） (3) 心配（不安） (4) 原因（理由）

2 (1) ア（○）順番 (2) イ（○）想像

3 (1)〔ウ　どちらも当てはまる〕 (2)〔イ　中心〕 (3)〔ウ　どちらも当てはまる〕 (4)〔ア　手段〕

解説

1 (1)「合意」は、「たがいの考えや意見が合うこと」、「同意」は、「賛成すること」という意味です。

04 同じ部分で同じ音《おん》の漢字を書き分けよう

本文13ページ

1 (1) 氏紙〔氏〕 (2) 半判〔半〕 (3) 化花貨〔化〕

2 (1) 永泳〔えい〕 (2) 可河〔か〕 (3) 青精晴〔せい〕

3 (1) ①〔相〕談 ②感〔想〕 (2) ①投〔票〕 ②目〔標〕 (3) ①結〔果〕 ②日〔課〕 (4) ①規〔則〕 ②〔側〕面 ③計〔測〕

解説

3 (4)①「則」は「きまり」、②「側」は「一方のがわ」、③「測」は「はかる」という意味があります。

05 同じ訓の漢字を書き分けよう

本文15ページ

1 (1) イ（○）鳴く　(2) ア（○）早い　(3) イ（○）修める　(4) ア（○）破れる

2 (1) ① 目的地に〔着〕く。　② 絵の具が手に〔付〕く。

(2) ① 鏡に顔を〔映〕す。　② いすを窓ぎわに〔移〕す。

(3) ① ドアを〔開〕ける。　② 夜が〔明〕ける。

解説

2 (2)「うつす」は、熟語《じゅくご》を連想して考えると、正しく使い分けることができます。①は「反映《はんえい》」などで「映《うつ》す」、②は「移動」などで「移す」と書くことがわかります。

06 敬語《けいご》ってなに？

本文19ページ

1 (1) イ（○）　(2) イ（○）

2 (1)〔ウ　ていねい語〕　(2)〔ア　尊敬語〕　(3)〔イ　謙譲語〕

3 (1) 先生が〔外出される〕。　(2) 校長先生が明日の予定を〔おっしゃる〕。

(3) ぼくが先生の荷物を〔お持ちする〕。　(4) 私の名前は田中と〔申し〕ます。

(5) 私は、これから図書館へ〔行きます〕。

解説

1 (1)イ「お配りする」は、「お〜する」という言い方の謙譲語《けんじょうご》、(2)イ「来られる」は、「られる」を使った言い方の尊敬語《そんけいご》です。

07 主語と述語は文の骨《ほね》組《ぐ》み

本文21ページ

1 (1)〔イ　何が（は）――どんなだ。〕　(2)〔ウ　何が（は）――何だ。〕

(3)〔エ　何が（は）――ある・いる。〕　(4)〔ア　何が（は）――どうする。〕

(5)〔エ　何が（は）――ある・いる。〕　(6)〔ア　何が（は）――どうする。〕

2 (1) 主語〔風が〕述語〔ふく〕　(2) 主語〔すずめが〕述語〔いる〕

(3) 主語〔パンは〕述語〔おいしい〕　(4) 主語〔兄は〕述語〔高校生だ〕

解説

1 (1)「きれいだ」は、「どんなだ」という様子を表しています。

2 主語と述語を探《さが》すときは、まず述語を見つけ、その述語に対する主語「何が（は）」「だれが（は）」を探すようにします。

08 修《しゅう》飾《しょく》語《ご》は“くわしくする言葉”

本文23ページ

1 (1)〔クラスの〕　(2)〔私の〕　(3)〔はげしく〕　(4)〔速く〕　(5)〔とても〕　(6)〔つばさを〕　(7)〔いきなり〕

2 (1)〔イ　花が〕　(2)〔エ　言った〕　(3)〔エ　借りた〕　(4)〔ウ　くれた〕

解説

2 (3)「図書館で→本を」、「図書館で→三冊《さんさつ》」、「図書館で→借りた」のようにして、「図書館で」を一つずつ後の言葉につないでみて、自然につながる言葉を選びましょう。

09 接続語は“つなぐ言葉”

本文25ページ

1 (1)〔だから〕 (2)〔そのうえ〕 (3)〔けれども〕 (4)〔なぜなら〕

2 (1) それで〔エ だから〕 (2) または〔ア あるいは〕 (3) ところが〔イ しかし〕 (4) それに〔ウ そして〕 (5) さて〔カ では〕

解説

1 前後の内容をおさえ、関係をとらえます。(2)には付け加える働きの接続語、(4)には前の内容の理由を後に続ける働きの接続語が入ります。

10 物語とは?

本文29ページ

(1) 太郎・父ちゃん〈父親〉〈順不同〉

(2) (右から順に) 2・4・3・5・1

解説

(1)初めの二つの段落《だんらく》に出てくる登場人物は、太郎《たろう》だけです。最後の段落に「父ちゃん」が登場します。

(2)緑の線をかく前の場面、緑の線をかいた場面、それをながめている場面、絵の馬にさわった場面、「父ちゃん」に見つかってどなられた場面を、それぞれ読み取りましょう。

11 物語の設定をつかもう

本文31ページ

(1) 私・おとうさん〈順不同〉

(2) だれのせいでもない

(3) 仁王立ち

解説

(1)この場面の登場人物は、本文の2行目「おとうさんはホームに突《つ》っ立ってじっと私を見ている」から、主人公である「私《わたし》」と、「おとうさん」だけだとわかります。

(3)本文の7行目「おとうさんは、私の前に仁王立《におうだ》ちになってそう言った」とあります。

12 場面・情景を読み取ろう

本文33ページ

(1) ウ

(2) そんなこと

(3) 稲の海に浮かぶ島

解説

(1)本文の4・5行目「赤い光が目の中に……それは、もうすぐ沈《しず》む太陽なのだった。」とあります。

(2)最後の一文に注目しましょう。自分の住む場所の小ささを実感し、自分が大きくなったように感じるとともに、さびしさも感じています。

13 動作・行動を読み取ろう

本文35ページ

(1) しぼんで
(2) 甲子園の土

解説

(2)甲子園《こうしえん》の土の効き目を信じている父は、「わたし」の試験がうまくいくようにと、「わたし」に甲子園の土をふりかけたのです。登場人物の行動を読み取るときは、その人物の気持ちと結び付けて考えましょう。

14 気持ちを読み取ろう

本文37ページ

(1) 笑いだしたい気持ち
(2) ウ
(3) とんでもないことをしてしまったという後かい

解説

(2)□の前の行の「笑いだしたい気持ち」と合うのは、ウ「晴れ晴れ」です。
(3)「しかし、それからが大変だった。」とあるように、「わたし」の気持ちは、すぐに変わりました。ここでは、気持ちを直接表す「後かい」という言葉に注目しましょう。

15 作者が伝えたいことを読み取ろう

本文39ページ

(1) その日の夜
(2) ウ

解説

(2)初めの段落《だんらく》には、父にとって甲子園《こうしえん》の土は「ほこりや、自信や、かがやかしい思い出」であったことが書かれています。父は、「甲子園の土」のようなもの、つまり、「ほこりや、自信や、かがやかしい思い出」を、「わたし」にも自分の力で見つけてほしいということを伝えたかったのです。

16 説明文とは？

本文43ページ

(1) 水力・火力・原子力〈順不同〉
(2) みなさんは
(3) 回転

解説

(2)「〜ありますか。」で終わっている文に着目しましょう。
(3)前の一文に「発電所の発電機も、自転車の発電機としくみは同じ」とあるので、前の段落《だんらく》の、自転車の発電機について説明している「自転車の発電機は……つくっています。」の一文から探《さが》しましょう。

17 指示語が指している内容をつかもう

本文45ページ

(1) 最初の生き物は、どんな生き物だった
(2) 多くの科学者たちが考えている説
(3) ア

解説

(1)・(2)すぐ前の一文に着目しましょう。

(3)□の前後の文は、バクテリアがどうやって生まれたと考えられているのかということについて、順を追って説明しています。したがって、□には、付け加える働きをする「そして」が当てはまります。

18 段落《だんらく》の要点を読み取ろう

本文47ページ

(1) ア
(2) ウ

解説

(1)**イ**の文は、**ア**の文をわかりやすく説明するための文です。

(2)筆者は、映像《えいぞう》と今のわたしたちの生活との関係について説明した後、わたしたちはどうすればよいのかを述べています。筆者が最も言いたいことは、最後の一文に書かれています。

19 筆者の考えをつかもう

本文49ページ

(1) ① ア ② ウ
(2) いつも注意

解説

(1)②には、「美しい雪の村の写真に見とれて」しまって、気が付かないことが当てはまります。

(2)文末表現に注目して、事実を述べた文と考えを述べた文を読み分けましょう。「〜したいものです。」は、考えを述べた文です。

20 文章の組み立てをつかもう

本文51ページ

(1) 2
(2) 必要
(3) イ

解説

(2)6の段落《だんらく》に「ねむりは、人間にとって必要」とあります。

(3)1・2の段落で話題を示し、3〜6の段落で話題について具体的に説明し、7の段落でまとめています。

21 グラフと文章から情報を読み取ろう

本文 53 ページ

(1) 通信機器
(2) ウ
(3) ア

解説

(2)・(3)【資料】の「自由に使えるものはない」の割合《わりあい》を見てみると、学年が上がると割合が減っていることがわかります。また、ゲーム機やスマートフォンの割合は学年が上がるにつれて増えています。資料から読み取ったことをまとめて、自分の意見につなげましょう。

22 読み取った情報から意見を書いてみよう

本文 55 ページ

(1) ア
(2) 一年（生）
(3) 六年（生）
(4) 減る・増える・減る
(5) 例 学年が上がると、休日や放課後は塾《じゅく》に通うため、読書量は減るのではないかと考える。

解説

(2)・(3)「十冊《じっさつ》以上」「読まない」の割合《わりあい》を、学年ごとに読み取り、割合が最も高い学年を探《さが》しましょう。

(5)二つの資料から読み取ったことをまとめて、自分の意見を書きましょう。

23 随《ずい》筆《ひつ》とは？

本文 59 ページ

(1) ウ
(2) 余裕
(3) おそるべし

解説

(3)一時間早く登校しても一番乗りではなかった「僕《ぼく》」は、「その悔《くや》しさをバネ」に、さらに早く起きようとしましたが、低血圧のせいで、それはできませんでした。自分にはできないようなことをしているたけいちを「おそるべし」と思ったのです。

24 表現を読み味わおう

本文 61 ページ

(1) ウ
(2) 群れの中から迷い出てしまった一匹の羊

解説

(1)——線部①の前後の部分に、この時、自分一人だけが別の世界にいるような気持ちになったことが書かれています。

(2)筆者はこの時の自分を、「まるで……のように」という形を使って、「群れの中から迷い出てしまった一匹《いっぴき》の羊」にたとえています。

25 筆者の思いを読み取ろう

本文63ページ

(1) 「わたし」
(2) ウ
(3) 「わたし」を取り巻く多くのもの

解説

(2)「わたし」とは、ここでは、自分自身や自分自身の存在のことを表します。本文の1行目の「初めて『わたし』を見付けた」からウが正解とわかります。

26 詩とは？

本文67ページ

(1) ア
(2) すったもんだ
(3) ウ

解説

(3)「すったもんだのこの世の中から」の「すったもんだ」とは、争ったり、ごたごたしたもめごとを起こしたりするという意味です。作者は、人々が争い、問題の多いこの世の中に心を痛《いた》め、もっと暮《く》らしやすい地球を求めているのです。

27 詩の表現の工《く》夫《ふう》を読み取ろう

本文69ページ

(1) 三
(2) Ⓐ ア　Ⓑ イ
(3) 例 作者

解説

(2)Ⓐ「まぶしい雪のはねっかえし。」や「自分の額にもキララ子は映《うつ》り。」とあることから、「キララ子」とは、雪にはねかえって、きらきらと光る日の光であることがわかります。

Ⓑ人でない日の光を人に見立てて表現しているので、擬《ぎ》人《じん》法《ほう》といいます。

28 短歌を作ってみよう

本文71ページ

1
(1) 三十一
(2) 例 夕方（例 夕暮れ時・夕べ・夕刻《ゆうこく》）
(3) イ

2
(1) ア
(2) 例 弁当食べる背中《せなか》楽しげ
例 仲良く歌う新緑のころ

解説

1 (2)「夕日」という言葉が時間帯を表しています。

(3)いちょうの葉の金色《こんじき》と、夕日の赤が美しくとらえられています。

2 (2)七人の子どもが海岸のてい防にすわっている風景を思いうかべて、下《しも》の句（七音・七音）を自由に作ってみましょう。

29 俳《はい》句《く》を作ってみよう

本文73ページ

1 (1) ウ

(2) (Ⓑの俳句)(季語)赤とんぼ　(季節)秋

(Ⓒの俳句)(季語)こがらし　(季節)冬

2 (1) 例 黄色・青空・太陽・背《せ》が高い

(2) 例 ひまわりの模様《もよう》を映《うつ》す青い空

解説

1 (1)「日は西に」から夕方であることがわかります。

2 (2)(1)の言葉をもとにして、五・七・五で俳句を作りましょう。

30 組み立てを考えて書こう

本文77ページ

1 (右から順に)3・5・6・1・4・2

2 ア

3 ① 清そう活動　② 中　③ テレビ

④ 決まった場所

解説

2 題材とは、文章の内容となる材料のことです。例えば、「運動会の徒競走で一位になったこと。」などです。主題とは、その題材を通して、最も書きたいことや伝えたいことです。

3 作文の組み立て(構成)の基本となるのは、「初め→中→終わり」の型です。

31 わかりやすく伝わるように書こう

本文79ページ

1 (1) 起きます　(2) 走りました

(3) できません

2 例 使っていたということです〔使っていたそうです〕

3 例 歩いていると、田中《たなか》君が公園から出てきました。そして、「遊ぼうよ。」と言ったので、ぼくは「今日は用事があるんだ。」と答えました。すると、田中君は「残念だなあ。」と言いました。

解説

2 人から伝え聞いたことを書く場合は、「〜ということです。」や「〜だそうです。」などの形で書きます。

3 一文が長くならないように注意して、「そして」や「すると」などの接続語を使って文と文をつなぐと、わかりやすい文章になります。

32 表現を工夫《くふう》して書こう

本文81ページ

1 外に出てみると、雨が下からも降《ふ》ってきた。

2 例 園児たちが、先生の後ろに続いて散歩をしている様子は、まるでカルガモのひなの行列のように見えました。

3 (1) 要(↓)用

(2) 例 教えてもらいました〔例 教えていただきました〕　(3) イ

解説

2「先生の後ろに続いて、園児たちが散歩をしている様子は、まるでカルガモのひなの行列のように見えました。」なども正解です。

3 (2)——線部以外は、文末が敬《けい》体《たい》で書かれているので、敬体に直します。「いただきました」と謙譲語《けんじょうご》を使っても正解です。

33 自分の意見を書こう

(1) さじ取って
(2) 例やばい
(3) 例新しい言葉も古い言葉も、両方を知ったうえで、会話をする相手に伝わりやすいかどうかを考えて使い分けることが大切だと思います。

解説 本文83ページ

(2)会話の中で使う言葉や、耳にしたことのある言葉を思い出して書いてみましょう。
(3)文末に注意して、自分の意見をはっきり書きましょう。

34 古典とは？

(1) ① いう ③ たまわんや
(2) 賛成した
(3) イ

解説 本文87ページ

(2)古典の文章と【現代語の訳《やく》】を照らし合わせて読み、「皆々《みなみな》、『もつとも《（もっとも）》』と同心す。」の部分は、【現代語の訳】では「みんな、『なるほど。』と賛成した。」であることをつかみましょう。すると、「同心す」の現代語の訳は、「賛成した」であることがわかります。

35 伝統芸能について知ろう

1 (1) ウ (2) イ
2 (1) ア (2) エ

解説 本文89ページ

1 (2)もともと狂言《きょうげん》は、能《のう》と能の間に演じられていたことから、狂言と能の舞台《ぶたい》は同じで、背景《はいけい》には松がえがかれています。右の役者は主人を、中央と左の役者はその家来《けらい》を演じます。

2 (1)能の面は、細かく分けると約二百種類もあり、いろいろな役で使われます。

復習テスト①（本文16～17ページ）

1 (1)イ　(2)ウ　(3)ア　(4)エ　(5)ア　(6)エ

2 (1)新／発見　(2)成人／式

3 (1)ア　(2)イ　(3)ウ

4 (1)①授　②受　(2)①周　②週　(3)①正　②政　③整

5 (1)①立　②建　(2)①指　②差　(3)①取　②採　(4)①作　②造

ポイント

1 それぞれの熟語《じゅくご》を意味を考えながら訓読みしてみましょう。(1)「救助」は、「救う」と「助ける」で、似た意味の漢字の組み合わせ、(2)「曲線」は「曲がった線」で、上の漢字が下の漢字を説明しています。

2 三字熟語を二つに分けると、(1)「新しい発見」、(2)「成人の（ための）式」となり、熟語の組み立てがわかります。

3 (1)「完成」は、「完全に出来上がること」、「完結」は、「全て終わること」という意味です。

4 (3)「正・政・整」は、「正」の部分が共通しており、「セイ」という音を表します。

5 (2)①指で指し示す場合は「指す」、②光が当たる場合は「差す」を使います。

復習テスト②（本文26～27ページ）

1 (1)ア　(2)ウ　(3)イ

2 （主語・述語の順に）(1)イ・ウ　(2)ア・ウ　(3)ア・ウ

3 (1)エ　(2)ア　(3)ウ　(4)ア　(5)イ

4 (1)ウ　(2)ア　(3)ア

5 (1)ウ　(2)イ　(3)ア

6 (1)オ　(2)ア　(3)エ　(4)ウ　(5)イ

ポイント

1 (1)「いらっしゃる」は、「いる」の尊敬語《そんけいご》です。

2 文の骨組《ほねぐ》みになっている二つの言葉を探《さが》しましょう。

3 それぞれの文の主語と述語は、(1)「ねこが―いる」、(2)「私《わたし》は―読む」、(3)「山は―富士山《ふじさん》だ」、(4)「船が―進む」、(5)「星空は―美しい」です。

4 ――線部の言葉と後の言葉を一つずつつないでみて、自然につながる言葉を選びましょう。

5 (1)「字を」は、「書く」をくわしくしている修飾語《しゅうしょくご》です。

6 (4)は、「計算ドリル」に「工作の仕上げ」を付け加えているので、（　）には「そのうえ」が入ります。

復習テスト③ （本文40〜41ページ）

1 (1)今夜ねる所もない　(2)車にいっぱいの黄金

2 (1)杜子春が（〜）している　(2)するとこう　(3)ア

ポイント

1 (1)杜子春《とししゅん》は、老人に「わたしは今夜ねる所もないので、どうしたものかと考えているのです。」と言っています。

(2)老人の発言の最後の一文に注目しましょう。

2 (1)「酒盛《さかも》りの具体的な様子」なので、――線部①の直後の一文は当てはまりません。その後の一文の「杜子春が金のさかずきに……笛や琴《こと》を節《ふし》おもしろく奏《そう》している」の部分が答えになります。

(2)「友だち」と「あいさつ」に注目すれば、文章の最初の一文が答えになるとわかるはずです。〝あいさつさえしなかった友だちなどが遊びに来る〟→〝遊びに来ていた友だちがあいさつひとつしなくなる〟という変わりぶりをおさえましょう。

(3)毎日ぜいたくな酒盛りをして、結局は「だんだん貧乏《びんぼう》に」なったことから、先のことを考えない杜子春のおろかさを読み取りましょう。

復習テスト④ （本文56〜57ページ）

(1)ア　(2)現地のすべてを代表することはできない

(3)部分的なもの　(4)言い表そうとしていることの一部

(5)ウ　(6)ことばは、心と

ポイント

(1)頭の中に刻《きざ》み込《こ》まれていたアクロポリスのイメージが、［Ⅰ］の後の文章では、いかに部分的であったかを、痛感《つうかん》した、とあります。したがって、［Ⅰ］には、予想されることとはちがう内容をつなぐ「しかし」が当てはまります。

(2)［1］の段落《だんらく》の内容について、［2］の段落では、実際にアクロポリスを見たときの筆者の体験を具体例として挙げています。［1］の段落のどんなことについての具体例かを考えましょう。

(3)「こんな」は指示語です。前の［2］の段落の内容から読み取りましょう。

(4)［4］の段落は、「ことばで表現する」ことを「穴《あな》のあいたバケツで水をすくおうとする」ことにたとえています。穴のあいたバケツで水をすくっても、いくらかの水が穴からこぼれ落ちてしまうように、ことばで「言い表そうとしていることの一部」は、口にされたことばからこぼれ落ちてしまう、と筆者は述べています。

(5)「言うに言われぬ」「言語に絶する」は、「ことばでは言い表せない」という意味で、ことばは「不完全」であることを表しています。

(6)［5］の段落で、筆者の考えがまとめられています。

復習テスト⑤ （本文64〜65ページ）

(1) 断絶 (2) つい相手を〜してしまう

(3) 自己中心（我のまま・思うまま） (4) ア (5) 受容

ポイント

(1)第二段落《だんらく》に、「なぜ、このような断絶がくるのか。」とあり、それについて、「お互《たが》いの『わがまま』なのだ」と述べています。

(2)「つい」という言葉が――線部②の他にも使われていることに注目しましょう。

(3)第四段落に「『わがまま』とは何か。」とあり、続けて「つまり、自《じ》己《こ》中心に、ふるまうことだ」とあります。「自己中心」とは、「他の人のことを考えず、自分を中心に考えて行動すること」という意味です。

(4)「態度は硬化《こうか》する」とは、相手を受け入れず、自分の意見だけを主張するようになることです。第三段落の「『わがまま』が出てしまう」、第四段落の「我《われ》のまま、我の思うままにふるまう」、「自己中心に、ふるまう」とほぼ同じ意味を表しています。

(5)第五段落に注目しましょう。相手を受け入れることを「受容」といいます。「断絶」とは、「受容」の精神が欠けることだと筆者は述べたかったのです。

復習テスト⑥ （本文74〜75ページ）

1 (1) 真新しい着地の匂い／真新しい革の匂い

(2) 希望・夢・幸福〈順不同〉 (3) ウ

2 (1) 五・七・五・七・七

(2) ①（上の句）ひまわりは金の油を身にあびて

（下の句）ゆらりと高し日のちいささよ

② ひまわり

3 (1) かわず (2) はえ (3) こがね虫 (4) か

ポイント

1 (1)二つの行は「真新しい」「匂《にお》い」の二語が共通しています。

(2)第三連に作者が匂いの中に感じ取った新しい世界への思いが書かれています。

(3)第四連に「心の支度《したく》」とあり、この詩の題名の「支度」が「心の支度」もふくんでいることがわかります。「どうでしょう」「もうできましたか」というやさしい言い方に注目しましょう。

2 (2)②太陽が小さく感じられるとよむことで、大きなひまわりを印象的にえがいています。

3 五・七・五に区切って考えると、音数から（ ）に入る生き物がわかりますが、えがかれている情景を思いうかべて読むことが大切です。

復習テスト⑦

（本文84～85ページ）

1

(1) 八月の中ごろ　(2) 例波

(3) 例田んぼがなくなって、家が建っていたこと。　(4) 祖父の話では

2

(1) A 例学校で飼っているうさぎが、子どもを産んだこと。

B 例老人ホームで、ボランティア活動をしたこと。

C 例市民農園で育てた野菜を収《しゅう》かくしたこと。

(2) （記号） 例C

（メモ） 例野菜の世話は大変だったので、農家の人たちのことを考えて、野菜を食べるときには、感謝の気持ちをもとうと思った。

(3) 例「市民農園を借りたから、いろいろな野菜を作るぞ。」と父が言い、四月から初めての野菜作りが始まりました。

ぼくの担当《たんとう》は、野菜への水やりです。暑くなると水をやる量が増え、大変でした。でも、生長する野菜を観察することが、毎日の楽しみになっていました。ところが、最初のトマトの収かく直前に、台風が上陸しました。次の日、無事だったトマトを見た時は、本当にほっとしました。

収かくしたトマトは、とてもおいしかったです。店に行けば、野菜がたくさん売られていますが、どれも苦労して作られたものです。これからは農家の人に感謝して、大切に食べようと思いました。

ポイント

2

(3) 作文を書き終わったら、見直しましょう。

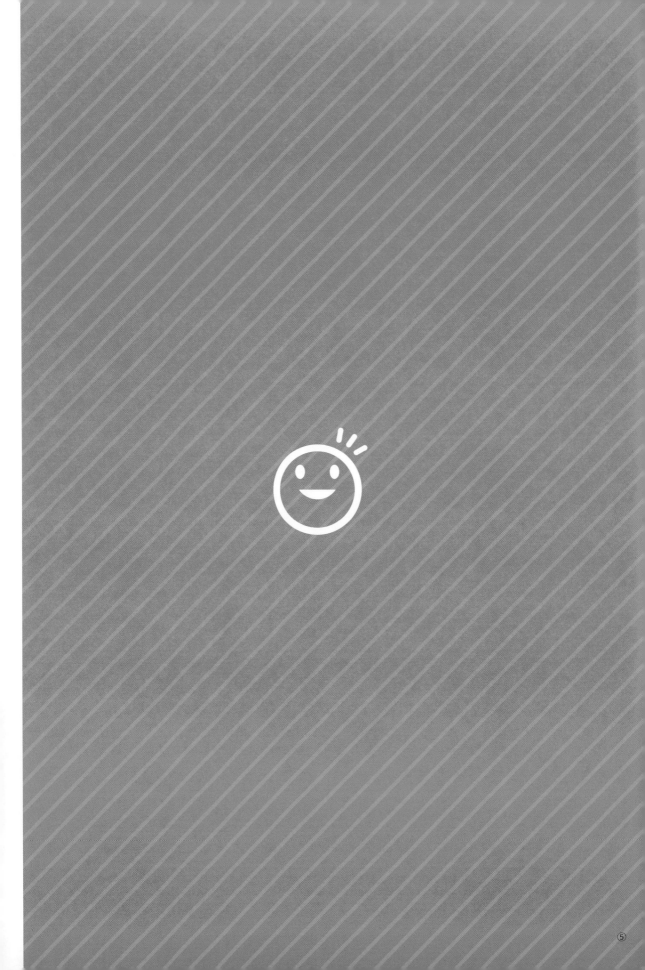